环球网校

严格按照全新考试大纲编写

二级建造师执业资格考试

同步章节习题集

公路工程管理与实务

环球网校建造师考试研究院 主编

东南大学出版社
SOUTHEAST UNIVERSITY PRESS
·南京·

图书在版编目(CIP)数据

公路工程管理与实务 / 环球网校造价工程师考试研究院主编. -- 南京：东南大学出版社，2024.7

二级建造师执业资格考试同步章节习题集

ISBN 978-7-5766-0973-8

Ⅰ.①公… Ⅱ.①环… Ⅲ.①道路工程-施工管理-资格考试-习题集 Ⅳ.①U415.1-44

中国国家版本馆CIP数据核字(2023)第216311号

责任编辑：马伟　责任校对：子雪莲　封面设计：环球网校·志道文化　责任印制：周荣虎

公路工程管理与实务
Gonglu Gongcheng Guanli yu Shiwu

主　　编	环球网校建造师考试研究院
出版发行	东南大学出版社
出 版 人	白云飞
社　　址	南京四牌楼2号　邮编：210096　电话：025-83793330
网　　址	http://www.seupress.com
电子邮件	press@seupress.com
经　　销	全国各地新华书店
印　　刷	三河市中晟雅豪印务有限公司
开　　本	787 mm×1092 mm　1/16
印　　张	11.5
字　　数	283千字
版　　次	2024年7月第1版
印　　次	2024年7月第1次印刷
书　　号	ISBN 978-7-5766-0973-8
定　　价	49.00元

本社图书若有印装质量问题，请直接与营销部联系。电话(传真)：025-83791830

环球君带你学公路

二级建造师执业资格考试实行全国统一大纲，各省、自治区、直辖市命题并组织的考试制度，分为综合科目和专业科目。综合考试涉及的主要内容是二级建造师在建设工程各专业施工管理实践中的通用知识，它在各个专业工程施工管理实践中具有一定普遍性，包括《建设工程施工管理》《建设工程法规及相关知识》2个科目，这2个科目为各专业考生统考科目。专业考试涉及的主要内容是二级建造师在专业工程施工管理实际工程中应该掌握和了解的专业知识，有较强的专业性，包括建筑工程、市政公用工程、机电工程、公路工程、水利水电工程等专业。

二级建造师《公路工程管理与实务》考试时间为150分钟，满分120分。试卷共有三道大题：单项选择题、多项选择题、实务操作和案例分析题。其中，单项选择题共20题，每题1分，每题的备选项中，只有1个最符合题意。多项选择题共10题，每题2分，每题的备选项中，有2个或2个以上符合题意，至少有1个错项。错选，本题不得分；少选，所选的每个选项得0.5分。实务操作和案例分析题共4题，每题20分。

做题对于高效复习、顺利通过考试极为重要。为帮助考生巩固知识、理顺思路，提高应试能力，环球网校建造师考试研究院依据二级建造师执业资格考试全新考试大纲，精心选择并剖析常考知识点，深入研究历年真题，倾心打造了这本同步章节习题集。环球网校建造师考试研究院建议您按照如下方法使用本书。

◇ **学练结合，夯实基础**

环球网校建造师考试研究院依据全新考试大纲，按照知识点精心选编同步章节习题，并对习题进行了分类——标注"必会"的知识点及题目，需要考生重点掌握；标注"重要"的知识点及题目，需要考生会做并能运用；标注"了解"的知识点及题目，考生了解即可，不作为考试重点。建议考生制订适合自己的学习计划，学练结合，扎实备考。

◇ **学思结合，融会贯通**

本书中的每道题目均是环球网校建造师考试研究院根据考试频率和知识点的考查方向精挑细选出来的。在复习备考过程中，建议考生勤于思考、善于总结，灵活运用所学知识，提升抽丝剥茧、融会贯通的能力。此外，建议考生对错题进行整理和分析，从每一道具体的错题入手，分析错误的知识原因、能力原因、解题习惯原因等，从而完善知识体系，达到高效备考的目的。

◇ 系统学习，高效备考

在学习过程中，一方面要抓住关键知识点，提高做题正确率；另一方面要关注知识体系的构建。在掌握全书知识脉络后，一定要做套试卷进行模拟考试。考生还可以扫描目录中的二维码，进入二级建造师课程＋题库App，随时随地移动学习海量课程和习题，全方位提升应试水平。

本套辅导用书在编写过程中，虽几经斟酌和校阅，仍难免有不足之处，恳请广大读者和考生予以批评指正。

相信本书可以帮助广大考生在短时间内熟悉出题"套路"、学会解题"思路"、找到破题"出路"。在二级建造师执业资格考试之路上，环球网校与您相伴，助您一次通关！

请大胆写出你的得分目标＿＿＿＿＿

环球网校建造师考试研究院

目 录

第一篇 公路工程技术

第一章 路基工程/参考答案与解析 …………………………………………… 3/124
- 第一节 路基施工/参考答案与解析 …………………………………… 3/124
- 第二节 路基防护与支挡/参考答案与解析 …………………………… 10/128
- 第三节 路基试验检测/参考答案与解析 ……………………………… 12/129
- 第四节 路基工程质量通病及防治措施/参考答案与解析 …………… 13/129

第二章 路面工程/参考答案与解析 …………………………………………… 16/131
- 第一节 路面基层(底基层)施工/参考答案与解析 …………………… 16/131
- 第二节 沥青路面施工/参考答案与解析 ……………………………… 20/133
- 第三节 水泥混凝土路面施工/参考答案与解析 ……………………… 25/136
- 第四节 路面防、排水施工/参考答案与解析 ………………………… 27/137
- 第五节 路面试验检测/参考答案与解析 ……………………………… 28/138
- 第六节 路面工程质量通病及防治措施/参考答案与解析 …………… 30/138

第三章 桥涵工程/参考答案与解析 …………………………………………… 32/139
- 第一节 桥梁工程/参考答案与解析 …………………………………… 32/139
- 第二节 涵洞工程/参考答案与解析 …………………………………… 41/146
- 第三节 桥涵工程质量通病及防治措施/参考答案与解析 …………… 43/147

第四章 隧道工程/参考答案与解析 …………………………………………… 45/148
- 第一节 隧道围岩分级与隧道构造/参考答案与解析 ………………… 45/148
- 第二节 隧道地质超前预报和监控量测技术/参考答案与解析 ……… 47/149
- 第三节 隧道施工/参考答案与解析 …………………………………… 50/150

第五章 交通工程/参考答案与解析 …………………………………………… 57/154
- 第一节 交通安全设施/参考答案与解析 ……………………………… 57/154
- 第二节 监控和照明系统/参考答案与解析 …………………………… 58/155

第二篇 公路工程相关法规与标准

第六章 相关法规/参考答案与解析 …………………………………………… 63/157
第七章 相关标准/参考答案与解析 …………………………………………… 66/158

第三篇 公路工程项目管理实务

第八章 公路工程企业资质与施工组织/参考答案与解析 …………………… 71/161
第九章 施工招标投标与合同管理/参考答案与解析 ………………………… 73/162
第十章 施工进度管理/参考答案与解析 ……………………………………… 76/163
第十一章 施工质量管理/参考答案与解析 …………………………………… 78/164
第十二章 施工成本管理/参考答案与解析 …………………………………… 81/166

第十三章　施工安全管理/参考答案与解析 …………………………………………… 83/166
第十四章　绿色施工及现场环境管理/参考答案与解析 ………………………………… 86/168
第十五章　施工技术与设备管理/参考答案与解析 ……………………………………… 88/169

第四篇　案例专题模块

模块一　路基工程/参考答案与解析 ……………………………………………………… 93/171
模块二　路面工程/参考答案与解析 ……………………………………………………… 101/172
模块三　桥涵工程/参考答案与解析 ……………………………………………………… 108/173
模块四　隧道工程/参考答案与解析 ……………………………………………………… 116/175

注：斜杠后的页码为对应的参考答案与解析，方便您更高效地使用本书。祝您顺利通关！

PART 1

第一篇
公路工程技术

学习计划:

扫码做题
熟能生巧

水滴石穿
非一日之功

第一章　路基工程

第一节　路基施工

■ 知识脉络

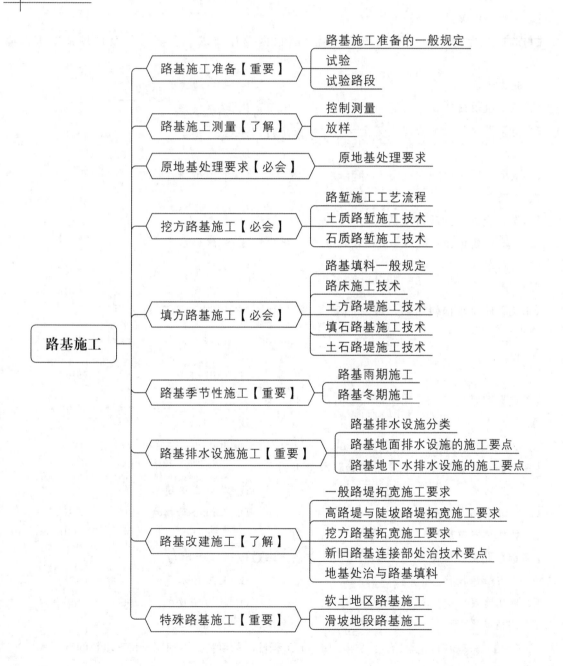

考点 1　路基施工准备【重要】

1. 【单选】路基施工前应做好三大准备，（　　）准备是工程顺利实施的基础和保证。
   A. 组织 B. 物资
   C. 技术 D. 环境

2. 【多选】下列属于路基施工前技术准备工作内容的有（　　）。
   A. 现场调查核对 B. 复测与放样
   C. 熟悉设计文件 D. 设计交桩
   E. 主要资源配置

3. 【单选】进行施工调查及现场核对后，应根据设计要求、合同条件及现场情况等，编制（　　）。
   A. 施工方案 B. 专项施工方案
   C. 施工组织设计 D. 技术交底

4. 【多选】路基开工前应建立健全（　　）安全管理体系。
   A. 环境 B. 质量
   C. 试验 D. 职业健康
   E. 合同

5. 【多选】土的试验项目包括（　　）等。
   A. 标准击实试验 B. 天然含水率
   C. 马歇尔试验 D. 液限
   E. 塑限

6. 【单选】路基填前碾压前，应对路基基底原状土进行取样试验，每公里应至少取（　　）个点。
   A. 1 B. 2
   C. 5 D. 10

7. 【单选】路基施工试验路段的长度宜不小于（　　）m。
   A. 50 B. 100
   C. 200 D. 300

8. 【多选】下列情况中，应进行试验路段施工的有（　　）。
   A. 土石路堤 B. 二级公路填石路堤
   C. 二级公路土质路堤 D. 三级公路路堤
   E. 特殊填料路堤

9. 【多选】路堤试验路段施工中，压实工艺主要参数包括（　　）。
   A. 压实机械规格 B. 天然含水率
   C. 碾压速度 D. 相对密度
   E. 松铺厚度

10. 【多选】特殊填料是指具有与一般土质不同工程性质的填料。下列属于特殊填料的有（　　）。
    A. 砾类土 B. 砂类土
    C. 煤矸石 D. 粉质土

E. 泡沫轻质土

11.【单选】路堤试验路段中,压实工艺主要参数不包括(　　)。
A. 压实机械规格
B. 机械组合
C. 最大干密度
D. 最佳含水率

12.【多选】路堤试验路段施工总结的内容包括(　　)。
A. 过程工艺控制方法
B. 质量控制标准
C. 对初步设计文件的修改建议
D. 安全保障措施
E. 环保措施

考点 2　路基施工测量【了解】

1.【多选】平面控制测量应采用的方法有(　　)。
A. 卫星定位测量
B. 导线测量
C. 三角测量
D. 三边测量
E. 坐标法测量

2.【单选】沿路线每(　　)m宜有一个水准点。
A. 100
B. 200
C. 500
D. 1000

3.【单选】某二级公路高程控制测量等级应为(　　)。
A. 二等
B. 三等
C. 四等
D. 五等

4.【多选】中线测量放样常用的方法有(　　)。
A. 切线支距法
B. 偏角法
C. 渐近法
D. 坐标法
E. GPS-RTK 技术放样

5.【单选】一级公路中线放样宜采用(　　)进行测量放样。
A. 切线支距法
B. 偏角法
C. 图解法
D. 坐标法

6.【单选】GPS-RTK 技术用于道路中线施工放样时,应先计算出线路上里程桩的(　　)。
A. 方位角
B. 坐标
C. 距离
D. 高程

7.【单选】某山区高速公路的横断面边桩放样,可采用(　　)。
A. 渐近法
B. 图解法
C. 计算法
D. 偏角法

8.【多选】路基横断面边桩放样方法有(　　)。
A. 渐近法
B. 坐标法
C. 图解法
D. 计算法
E. 偏角法

9.【单选】主要用于公路平坦地形或地面横坡较均匀一致地段的路基边桩放样方法是(　　)。
A. 渐近法
B. 坐标法

C. 图解法   D. 计算法

考点 3 　原地基处理要求【必会】

1. 【单选】在一般土质地段，三级公路和四级公路地基表层碾压处理压实度应不小于（　　）。
   A. 85%
   B. 90%
   C. 94%
   D. 96%

2. 【单选】在一般土质地段，高速公路地基表层碾压处理压实度应不小于（　　）。
   A. 85%
   B. 90%
   C. 94%
   D. 96%

3. 【单选】低路堤应对地基表层土进行（　　）、分层回填压实，其处理深度应不小于路床厚度。
   A. 超挖
   B. 压实
   C. 整平
   D. 晾晒

4. 【单选】关于低路堤处理的说法，不正确的是（　　）。
   A. 应对地基表层土进行超挖
   B. 超挖后分层回填
   C. 超挖后分层压实
   D. 处理深度应不大于路床厚度

5. 【多选】原地基处理中，原地面有坑、洞、穴时，应（　　）。
   A. 清除沉积物
   B. 导排
   C. 灌浆
   D. 用合格填料分层回填
   E. 分层压实

6. 【单选】路堤填筑前，需对原地基进行处理，下列说法不正确的是（　　）。
   A. 二级及二级以上公路路堤基底的压实度应不小于90%
   B. 原地面的坑、洞、穴等，应在清除沉积物后，用合格填料分层回填、分层压实
   C. 泉眼或露头地下水，应先填筑后导排
   D. 低路堤应对地基表层土进行超挖、分层回填压实

7. 【单选】下列关于原地基处理的说法中，错误的是（　　）。
   A. 二级公路路堤地基表层碾压处理压实度的压实度应不小于90%
   B. 三级公路路堤地基表层碾压处理压实度的压实度应不小于85%
   C. 原地面的坑、洞、穴应直接用合格的填料分层回填、压实
   D. 泉眼或露头地下水，应首先采取有效的导排措施

考点 4 　挖方路基施工【必会】

1. 【单选】下列关于路堑施工工艺流程，正确的是（　　）。
   A. 测量放样→开挖截水沟→场地清理→逐层开挖
   B. 开挖截水沟→逐层开挖→路槽碾压→装运土石方
   C. 开挖边沟→场地清理→逐层开挖→装运土石方
   D. 测量放样→场地清理→逐层开挖→装运土石方

2. 【单选】路堑施工中,逐层开挖的紧前工序为( )。
   A. 测量放样　　　　　　　　　　　B. 边坡修理
   C. 开挖截水沟　　　　　　　　　　D. 开挖边沟

3. 【多选】推土机开挖土方作业中,影响作业效率的主要因素有( )环节。
   A. 切土　　　　　　　　　　　　　B. 运土
   C. 卸土　　　　　　　　　　　　　D. 倒退
   E. 空回

4. 【单选】在土质路堑的开挖方法中,适用于挖掘深且短的路堑的挖掘法是( )。
   A. 单层横向全宽挖掘法　　　　　　B. 多层横向全宽挖掘法
   C. 分层纵挖法　　　　　　　　　　D. 分段纵挖法

5. 【单选】适用于挖掘浅且短的路堑的施工方法是( )。
   A. 单层横向全宽挖掘法　　　　　　B. 多层横向全宽挖掘法
   C. 通道纵挖法　　　　　　　　　　D. 混合式挖掘法

6. 【多选】综合爆破施工技术中,下列属于浅孔爆破特点的有( )。
   A. 用药少,每次爆破的方数不多　　B. 工效较低
   C. 劳动生产率高　　　　　　　　　D. 施工进度快
   E. 不利于爆破能量的利用

7. 【单选】在有裂缝的软石、坚石中,阶梯高度大于4m,药壶炮药壶不易形成时,采用( )可以获得好的爆破效果。
   A. 钢钎炮　　　　　　　　　　　　B. 深孔爆破
   C. 猫洞炮　　　　　　　　　　　　D. 静态破碎法

8. 【单选】将膨胀剂放入炮孔内,利用产生的膨胀力,缓慢地作用于孔壁,经过数小时至24h达到300~500MPa的压力,使介质裂开,这种开挖方式为( )。
   A. 预裂爆破法　　　　　　　　　　B. 钻爆开挖法
   C. 机械开挖法　　　　　　　　　　D. 静态破碎法

考点 5　填方路基施工【必会】

1. 【多选】下列属于较好的路基填料的有( )。
   A. 砂类土　　　　　　　　　　　　B. 有机质土
   C. 膨胀性岩石　　　　　　　　　　D. 易溶性岩石
   E. 砾类土

2. 【单选】根据《公路路基设计规范》的规定,路床填料最大粒径应不大于( )mm。
   A. 80　　　　　　　　　　　　　　B. 100
   C. 150　　　　　　　　　　　　　D. 200

3. 【多选】在选择路堤填料时,严禁作为填料的有( )。
   A. 含生活垃圾的土　　　　　　　　B. 含草皮土
   C. 含腐殖质的土　　　　　　　　　D. 淤泥
   E. 冻土

4. 【单选】填方分几个作业段施工时,接头部位如不能交替填筑,则先填路段,按( )坡

度分层留台阶。
A. 1:1~1:2
B. 1:2~1:3
C. 1:3~1:5
D. 1:5~1:6

5.【多选】关于水平分层填筑法的说法，错误的有（　　）。
A. 从原地面开始水平填筑
B. 按照横断面全宽分成水平层次，逐层向上填筑
C. 是路基填筑的常用方法
D. 依路线纵坡方向分层，逐层向坡向填筑
E. 宜用推土机从路堑取土填筑

6.【多选】在填石路堤顶面与细粒土填土层之间应填筑（　　）。
A. 垫层
B. 基层
C. 过渡层
D. 反滤层
E. 隔离层

7.【多选】下列属于填石路堤施工填筑方法的有（　　）。
A. 竖向填筑法
B. 分层压实法
C. 冲击压实法
D. 强力夯实法
E. 纵向填筑法

8.【多选】土石混合材料来自不同料场，其岩性或土石比例相差较大时，宜（　　）填筑。
A. 分幅
B. 分层
C. 分段
D. 混合
E. 竖向

9.【单选】某一级公路土石路堤施工，在横坡较陡峻的路段，填筑方法应采用（　　）。
A. 倾填方法
B. 分层填筑
C. 下半部分层填筑，上半部倾填
D. 下半部倾填，上半部分层填筑

考点 6　路基季节性施工【重要】

1.【单选】雨期开挖路堑时，正确的做法是（　　）。
A. 边坡宜一次挖到设计坡面
B. 挖至设计标高以上200~300mm时应停止开挖
C. 停止开挖后在两侧开挖临时排水沟
D. 雨期开挖岩石路基，炮眼宜垂直设置

2.【单选】冬期施工的路堤填料，不得用含水率过大的（　　）。
A. 黏质土
B. 砂类土
C. 碎石
D. 石渣

考点 7　路基排水设施施工【重要】

1.【多选】将可能停滞在路基范围内的地面水迅速排除，防止路基范围内的地面水流入路基内的设施有（　　）。
A. 边沟
B. 截水沟

C. 排水沟　　　　　　　　　　　　D. 暗沟

E. 渗沟

2. 【多选】用于路基地下水排水的设施有（　　）。

　　A. 蒸发池　　　　　　　　　　　　B. 边沟

　　C. 渗沟　　　　　　　　　　　　　D. 跌水

　　E. 仰斜式排水孔

3. 【单选】当地下水埋藏浅或无固定含水层时，宜采用（　　）。

　　A. 暗沟　　　　　　　　　　　　　B. 渗沟

　　C. 排水沟　　　　　　　　　　　　D. 渗井

考点 8　路基改建施工【了解】

1. 【单选】老路堤与新路堤交界的坡面挖除清理的法向厚度不宜小于（　　）m。

　　A. 0.1　　　　　　　　　　　　　B. 0.2

　　C. 0.3　　　　　　　　　　　　　D. 0.4

2. 【单选】路堤拓宽拼接宽度小于（　　）m时，可采取超宽填筑再削坡或翻挖既有路堤等措施。

　　A. 0.2　　　　　　　　　　　　　B. 0.5

　　C. 0.75　　　　　　　　　　　　D. 0.8

3. 【多选】为加强新老路基的横向联系，新旧路基连接部位可采用的措施有（　　）。

　　A. 开挖临时排水沟　　　　　　　　B. 刷坡减重

　　C. 挖台阶　　　　　　　　　　　　D. 填筑轻型材料

　　E. 铺设土工格栅

4. 【多选】高路堤拓宽时，为了保证路基稳定、减少路基工后沉降，可采用（　　）。

　　A. 加固土处治　　　　　　　　　　B. 粉喷桩处理

　　C. 碎石桩处理　　　　　　　　　　D. 塑料排水体处理

　　E. 填筑重型材料

考点 9　特殊路基施工【重要】

1. 【多选】关于软土特点的说法，错误的有（　　）。

　　A. 天然含水率高　　　　　　　　　B. 天然孔隙比大

　　C. 抗剪强度高　　　　　　　　　　D. 压缩性高

　　E. 属于粗粒土

2. 【多选】某二级公路，路段地基软土厚度1m左右，用（　　）进行软土处理较合适。

　　A. 浅层置换　　　　　　　　　　　B. 抛石挤淤

　　C. 浅层改良　　　　　　　　　　　D. 粒料桩

　　E. 竖向排水板

3. 【多选】下列关于袋装砂井施工的说法中，正确的有（　　）。

　　A. 袋装砂井宜采用圆形套管，套管内径宜略小于砂井直径

　　B. 宜采用中、粗砂，粒径大于0.5mm颗粒的含量宜大于50%，含泥量应小于3%

C. 砂袋的渗透系数应不大于砂的渗透系数

D. 套管起拔时应垂直起吊

E. 砂袋在孔口外的长度应不小于300mm，并顺直伸入砂砾垫层

4.【多选】关于CFG桩施工规定的说法，正确的有（　　）。

A. 宜采用振动沉管灌注法成桩，也可采用长螺旋钻管内泵压混合料灌注施工

B. 适用于处理十字板抗剪强度不小于10kPa的软土地基

C. 施工前应进行成桩工艺和成桩强度试验

D. 相邻桩打桩间隔时间不应少于5d

E. 桩顶超灌高度不宜小于0.5m

5.【单选】关于软土地区路堤施工技术要点的说法，错误的是（　　）。

A. 软土地区路堤施工应尽早进行安排

B. 沉降观测在施工期应每填一层观测一次

C. 施工时，坡脚水平位移速率24h应不大于10～15mm

D. 填筑速率应以水平位移控制为主

6.【单选】滑坡地段整治宜在（　　）施工。

A. 旱季　　　　　　　　　　　　　B. 冬季

C. 秋季　　　　　　　　　　　　　D. 雨季

第二节　路基防护与支挡

■ 知识脉络

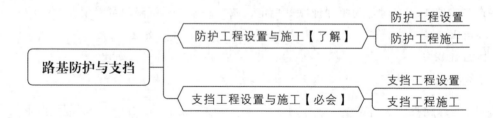

考点 1　防护工程设置与施工【了解】

1.【多选】下列边坡防护中，属于植物防护的有（　　）。

A. 种植灌木　　　　　　　　　　　B. 骨架植物防护

C. 喷护　　　　　　　　　　　　　D. 喷混植生

E. 挂网喷护

2.【多选】下列防护措施中，可以用于沿河路基冲刷防护的有（　　）。

A. 植物防护　　　　　　　　　　　B. 抛石护坡

C. 浸水挡墙　　　　　　　　　　　D. 护面墙

E. 顺坝

3. 【多选】坡面喷射混凝土防护施工，应符合的规定有（　　）。
   A. 混凝土喷射每层应自上而下进行
   B. 当混凝土厚度大于100mm时，宜分两次喷射
   C. 喷射混凝土面层应在长度方向上每10m设伸缩缝
   D. 喷射混凝土终凝后，应立即开始养护
   E. 养护期宜不少于7d
4. 【单选】浆砌片石护坡每（　　）m应留一伸缩缝。
   A. 5～8   B. 8～10
   C. 10～15   D. 12～15
5. 【多选】有关浆砌片石护面墙施工要求的说法，错误的有（　　）。
   A. 修筑护面墙前，应清除边坡风化层至新鲜岩面
   B. 冰冻地区应埋置在冰冻深度以下至少250mm
   C. 护面墙背面必须与路基坡面密贴，边坡局部凹陷处，应回填土石或干砌片石
   D. 当护面墙基础修筑在不同岩层上时，应在变化处设置反滤层
   E. 护面墙的基础应设置在稳定的地基上

考点 2　支挡工程设置与施工【必会】

1. 【单选】设置在高填土路堤或陡坡路堤的下方，可以防止路堤边坡或路堤沿基底滑动，同时可以收缩路堤坡脚，减少填方数量的挡土墙是（　　）。
   A. 路肩墙   B. 路堤墙
   C. 路堑墙   D. 山坡墙
2. 【单选】形式简单、施工方便、可就地取材、适应性强、应用广泛的挡土墙是（　　）。
   A. 重力式挡土墙   B. 悬臂式挡土墙
   C. 加筋土挡土墙   D. 锚杆挡土墙
3. 【单选】在锚杆挡土墙的施工工艺流程中，挡土板安装的紧后工序是（　　）。
   A. 肋柱安装
   B. 墙后填料填筑与压实
   C. 钻孔
   D. 锚杆安放与注浆锚固
4. 【单选】柱板式锚杆挡土墙墙后的土压力传递路径有：①墙后的土压力；②肋柱；③锚杆；④挡土板。正确的顺序是（　　）。
   A. ①→②→③→④   B. ①→④→②→③
   C. ①→④→③→②   D. ①→②→④→③
5. 【多选】下列关于加筋土挡土墙特点的说法中，不正确的有（　　）。
   A. 加筋土挡土墙通常适用于挖方路段的路堑边坡支挡
   B. 利用拉筋与土之间的摩擦作用，改善土体的变形条件和提高土体的工程特性
   C. 加筋土是刚性结构物
   D. 加筋土挡土墙一般由墙面板、填土、填土中布置的拉筋等几部分构成
   E. 拉筋应按设计位置水平铺设

第三节 路基试验检测

■ 知识脉络

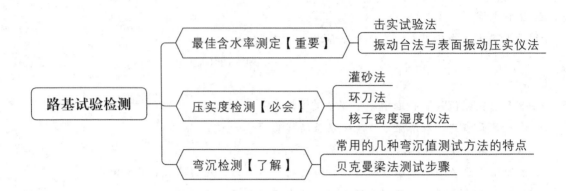

考点 1　最佳含水率测定【重要】

1.【多选】根据击实功的不同，击实试验可分为（　　）。
　　A. 重型击实　　　　　　　　　　　B. 中型击实
　　C. 轻型击实　　　　　　　　　　　D. 湿土法击实
　　E. 干土法击实

2.【单选】击实曲线上（　　）对应最佳含水率。
　　A. 最小干密度　　　　　　　　　　B. 最大干密度
　　C. 最小湿密度　　　　　　　　　　D. 最大湿密度

3.【多选】路基的含水率的试验方法有（　　）。
　　A. 击实试验法　　　　　　　　　　B. 振动台法
　　C. 表面振动压实仪法　　　　　　　D. 环刀法
　　E. 灌砂法

4.【单选】最佳含水率是根据不同土类的性质，采用不同的试验方法确定的。测定无黏聚性自由排水粗粒土和巨粒土的最大干密度可采用的方法是（　　）。
　　A. 轻型击实试验
　　B. 中型击实试验
　　C. 振动台法
　　D. 灌砂法

考点 2　压实度检测【必会】

1.【单选】（　　）适用于路基土压实度检测，不宜用于填石路堤等有大孔洞或大孔隙材料的测定。
　　A. 灌砂法　　　　　　　　　　　　B. 环刀法
　　C. 核子密度湿度仪法　　　　　　　D. 无核密度仪法

2.【单选】采用灌砂法检测压实度,不宜用于( )。
   A. 填石路堤　　　　　　　　　　B. 二灰基层
   C. 砂石路面　　　　　　　　　　D. 石灰稳定土底基层

3.【单选】在进行压实度检测时,用于细粒土的密度测试,属于现场密度测定方法中的( )。
   A. 灌砂法
   B. 环刀法
   C. 核子密度湿度仪法
   D. 表面振动压实仪法

考点 3　弯沉检测【了解】

1.【单选】弯沉是路基或路面质量控制的重要指标之一,其单位为( )。
   A. 0.1mm　　　　　　　　　　　B. 0.1cm
   C. 0.01mm　　　　　　　　　　D. 0.01cm

2.【单选】下列属于静态的弯沉检测方法的是( )。
   A. 贝克曼梁法
   B. 核子密度湿度仪法
   C. 落锤弯沉仪法
   D. 环刀法

3.【单选】关于贝克曼梁法测定弯沉的说法,错误的是( )。
   A. 加载车的后轮一般应置于道路行车轮迹带上
   B. 将贝克曼梁插入加载车后轮轮隙处,与加载车行车方向相反
   C. 贝克曼梁测头应置于轮隙中心前方30~50mm处测点上
   D. 加载车行进速度一般为5km/h左右

第四节　路基工程质量通病及防治措施

知识脉络

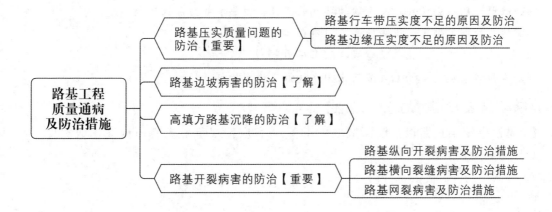

考点 1　路基压实质量问题的防治【重要】

1. 【多选】路基行车带施工中压实度不能满足质量标准要求，主要原因有（　　）。
   A. 压实遍数不够
   B. 碾压不均匀，局部有漏压现象
   C. 未处理好填挖交界面
   D. 土场土质种类多，出现不同类别土混填
   E. 基底存在软土

2. 【多选】路基边缘压实度不足的预防措施有（　　）。
   A. 超宽填筑
   B. 增加路基边缘带压实遍数
   C. 放缓填筑边坡横坡度
   D. 确保段落搭接超压长度
   E. 路基边缘填料选用高塑性指数的黏土

3. 【单选】路基填筑宽度不足时，可采用的返工方法是（　　）。
   A. 开挖台阶补宽填筑
   B. 贴坡填筑
   C. 提高路缘带压实遍数
   D. 提高路缘带碾压频率

考点 2　路基边坡病害的防治【了解】

【多选】下列会引起路基边坡病害的做法有（　　）。
A. 边坡二期贴补
B. 换填土时清淤不彻底
C. 路基所处的原地面斜坡面（横断面）陡于1∶5时，原地面应开挖反坡台阶
D. 纵坡大于12％的路段采用纵向水平分层法填筑施工
E. 路基处于陡峭的斜坡面上

考点 3　高填方路基沉降的防治【了解】

【单选】下列不属于高填方路基沉降的原因的是（　　）。
A. 按照一般路堤设计，没有验算路堤稳定性、地基承载力和沉降量
B. 地基处理不彻底，压实度达不到要求
C. 工程地质不良，且未做地基孔隙水压力监测
D. 高填方路堤受水浸泡部分应采用水稳性及透水性好的填料

考点 4　路基开裂病害的防治【重要】

1. 【单选】半填半挖路段，地面横坡大于1∶5，应按规范要求将原地面挖成宽度不小于（　　）m的台阶。
   A. 0.5　　　　　　　　　　　　B. 1.0
   C. 2.5　　　　　　　　　　　　D. 5.0

2. 【多选】下列关于路基产生横向裂缝的预防措施的说法中，错误的有（　　）。

   A. 路基填料禁止直接使用液限大于50%、塑性指数大于26的土

   B. 不同种类的土应分层填筑，同一填筑层可混用

   C. 路基顶填筑层分段作业施工，两段交接处应按要求处理

   D. 严格控制路基每一填筑层的标高、平整度，确保路基顶填筑层压实厚度不小于80mm

   E. 严格控制路基每一填筑层的标高、平整度，确保路基顶填筑层压实厚度不小于50mm

3. 【单选】下列关于路基网裂的预防及治理措施的说法中，错误的是（　　）。

   A. 采用合格的填料，或采取掺加石灰、水泥改性处理措施

   B. 选用塑性指数符合规范要求的土填筑路基，在填土最佳含水率时碾压

   C. 采用塑性指数偏高的土

   D. 加强养护，避免表面水分过分损失

第二章　路面工程

第一节　路面基层（底基层）施工

■ 知识脉络

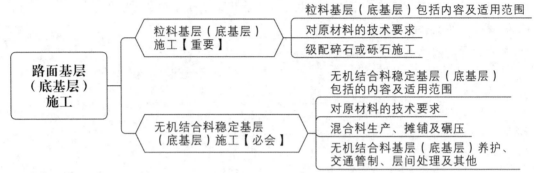

考点 1　粒料基层（底基层）施工【重要】

1. 【单选】下列可作为各级公路基层和底基层材料的是（　　）。
   A. 泥结碎石　　　　　　　　　　　　　B. 填隙碎石
   C. 级配碎石　　　　　　　　　　　　　D. 级配砾石

2. 【单选】下列属于级配型粒料基层的是（　　）。
   A. 石灰稳定级配碎石　　　　　　　　　B. 天然砂砾
   C. 泥结碎石　　　　　　　　　　　　　D. 砾石经轧制掺配而成的级配砾石

3. 【多选】下列属于粒料类级配型路面基层的有（　　）。
   A. 符合级配的天然砂砾基层　　　　　　B. 级配砾石基层
   C. 级配砾、碎石基层　　　　　　　　　D. 水泥稳定级配碎石基层
   E. 石灰稳定级配碎石基层

4. 【多选】下列不属于嵌锁型粒料基层的有（　　）。
   A. 级配碎石　　　　　　　　　　　　　B. 泥结碎石
   C. 水泥稳定碎石　　　　　　　　　　　D. 泥灰结碎石
   E. 填隙碎石

5. 【单选】填隙碎石适用于（　　）。
   A. 二级公路基层　　　　　　　　　　　B. 三级公路面层
   C. 二、三、四级公路基层　　　　　　　D. 各级公路的底基层

6. 【单选】填隙碎石用作基层时，集料的公称最大粒径应不大于（　　）mm；用作底基层时，应不大于（　　）mm。
   A. 50，63　　　　　　　　　　　　　　B. 37.5，35

C. 37.5，50 D. 53，63

7. 【单选】填隙碎石用作基层时，集料的压碎值应不大于（　　）；用作底基层时应不大于（　　）。
   A. 25%，30% B. 25%，35%
   C. 26%，30% D. 30%，40%

8. 【单选】填隙碎石施工时，填隙料的用量宜为集料质量的（　　）。
   A. 20%～30% B. 30%～40%
   C. 30%～50% D. 40%～50%

9. 【多选】关于填隙碎石基层施工技术要求的说法，正确的有（　　）。
   A. 填隙碎石层上为薄沥青面层时，碾压后宜使集料的棱角外露3～5mm
   B. 填隙料应干燥
   C. 宜采用胶轮压路机静压，碾压时，表面集料间应留有空隙
   D. 填隙碎石基层未洒透层沥青或未铺封层时，不得开放交通
   E. 碾压后基层的固体体积率宜不小于85%

10. 【多选】下列关于填隙碎石施工的说法，错误的有（　　）。
    A. 填隙料应洒水湿润
    B. 填隙碎石施工，宜采用振动压路机碾压
    C. 单层填隙碎石的压实厚度宜为公称最大粒径的2.0～2.5倍
    D. 填隙碎石碾压后，表面集料间的空隙应填满，但表面应看得见集料
    E. 干旱缺水地区宜采用干法施工

11. 【多选】下列填隙碎石湿法施工符合规定的有（　　）。
    A. 初压宜用两轮压路机碾压，目的是使集料稳定就位
    B. 填隙料应采用石屑撒布机或类似的设备均匀地撒铺在已压稳的集料层上
    C. 应采用振动压路机快速碾压，将全部填隙料振入集料间的空隙中
    D. 集料层表面空隙全部填满后，宜立即用洒水车洒水，直到饱和
    E. 碾压完成的路段应立即覆盖，防止水分蒸发

12. 【多选】某路段在进行填隙碎石底基层备料时，计算该段所需的粗碎石体积数量需要考虑的参数有（　　）。
    A. 底基层宽度 B. 底基层厚度
    C. 运料车辆的车厢体积 D. 松铺系数
    E. 粗碎石的含水量

13. 【单选】级配碎石基层的压实度应不小于（　　）。
    A. 96% B. 97%
    C. 98% D. 99%

考点 2　无机结合料稳定基层（底基层）施工【必会】

1. 【单选】下列材料可用于高级路面基层材料的是（　　）。
   A. 石灰稳定级配碎石 B. 水泥稳定细粒土
   C. 石灰土 D. 石灰工业废渣稳定土

2. 【多选】下列选项中，适合用于高速公路基层的有（　　）。
   A. 水泥稳定级配碎石
   B. 水泥稳定级配砾石
   C. 石灰土
   D. 二灰土
   E. 二灰砂

3. 【单选】无机结合料稳定基层的水泥材料应选用（　　）的水泥。
   A. 初凝时间3h以上和终凝时间大于5h且小于8h
   B. 初凝时间3h以上和终凝时间大于6h且小于10h
   C. 初凝时间3h以内和终凝时间大于5h且小于10h
   D. 初凝时间3h以内和终凝时间大于6h且小于10h

4. 【多选】无机结合料稳定基层施工中，对原材料的技术要求正确的有（　　）。
   A. 高速公路和一级公路的基层，不应采用磨细消石灰
   B. 高速公路和一级公路用石灰应不低于Ⅱ级技术要求
   C. 水泥强度等级为32.5级或42.5级
   D. 水泥初凝时间大于3h，终凝时间大于6h且小于12h
   E. 拌合使用的非饮用水应进行水质检验

5. 【多选】无机结合料稳定材料组成设计包括（　　）。
   A. 原材料检验
   B. 设计配合比设计
   C. 目标配合比设计
   D. 生产配合比设计
   E. 施工参数确定

6. 【单选】石灰稳定材料或石灰粉煤灰稳定材料层宜在当天碾压完成，最长不应超过（　　）d。
   A. 1
   B. 3
   C. 4
   D. 7

7. 【多选】水泥稳定土基层施工时，确定每日施工作业段长度，宜综合考虑的因素包括（　　）。
   A. 施工机械生产效率和数量
   B. 施工人员数量及操作熟练程度
   C. 增加施工接缝的数量
   D. 施工季节和气候条件
   E. 水泥的终凝时间

8. 【单选】无机结合料混合料在摊铺时应保证足够的厚度，碾压成型后每层的摊铺厚度宜为（　　）mm。
   A. 150～200
   B. 160～200
   C. 150～250
   D. 160～250

9. 【单选】路面基层在摊铺施工期间，两台摊铺机的前后间距宜不大于10m，且两个施工段面纵向应有（　　）mm的重叠。
   A. 200～300
   B. 200～400

C. 300～400　　　　　　　　　　D. 300～500

10. 【单选】在路拌法水泥稳定土基层施工中，主要工艺流程有：①准备下承层；②洒水、闷料；③拌和；④摆放和摊铺无机结合料；⑤施工放样；⑥备料、摊铺土。下列选项中，排序正确的是（　　）。
    A. ⑤①⑥②④③
    B. ⑤①⑥④②③
    C. ①⑤⑥④②③
    D. ①⑤⑥②④③

11. 【单选】关于水泥稳定土基层路拌法施工的说法，正确的是（　　）。
    A. 摊铺土应在摊铺水泥的前一周进行
    B. 同日施工的两工作段的衔接处，前一段拌和整形后留5～8m，与后一段再加水泥重新拌和后一起碾压
    C. 当必须分两幅施工时，纵缝必须斜接，不得垂直相接
    D. 应先采用重型压路机后采用轻型压路机进行碾压

12. 【单选】无机混合料基层路拌法施工中，下承层为粒料底基层时，应检测（　　）。
    A. 强度
    B. 配合比
    C. 弯沉值
    D. 最大粒径

13. 【单选】关于水泥稳定土摊铺碾压施工的说法，错误的是（　　）。
    A. 应采用沥青混凝土摊铺机或稳定材料摊铺机摊铺混合料
    B. 对无法使用机械摊铺的超宽路段，应采用人工同步摊铺、修整，并同时碾压成型
    C. 因故中断时间大于2h时，应设置横向接缝
    D. 当必须分两幅施工时，纵缝必须斜接，不得垂直相接

14. 【单选】关于无机结合料基层人工摊铺与碾压的说法，不正确的是（　　）。
    A. 混合料拌和均匀后，应及时用平地机初步整形
    B. 在初平的路段上，应用拖拉机、平地机或轮胎压路机快速碾压一遍
    C. 应尽量将高处料直接摊铺，形成薄层贴补现象
    D. 有"弹簧"、松散、起皮等现象时，应及时翻开重新拌和

15. 【单选】粒料基层横向宽度范围的碾压方向应是（　　）碾压。
    A. 由低向高
    B. 由路肩向路中
    C. 由内侧向外侧
    D. 由外侧向内侧

16. 【单选】关于无机结合料基层养护的说法，正确的是（　　）。
    A. 养护期不宜少于3d
    B. 养护期不宜少于7d
    C. 养护期不宜少于14d
    D. 养护期不宜少于28d

17. 【多选】在无机结合料稳定材料层之间的处理中，上层施工前1～2h，宜撒布（　　）。
    A. 水泥
    B. 石灰
    C. 无机结合料
    D. 水泥净浆
    E. 水泥砂浆

18.【单选】关于无机结合料稳定材料层之间的处理,下列说法正确的是( )。

A. 下承层清理后应封闭交通

B. 采用连续摊铺方式施工的结构层,可用一套设备在上下层之间来回施工

C. 稳定细粒材料结构层,最后一道碾压工艺不可用凸块式压路机碾压

D. 在上层施工前一天,撒布水泥或水泥净浆

19.【单选】下列关于薄膜覆盖养护的说法,错误的是( )。

A. 混合料摊铺碾压成型后,可覆盖薄膜,薄膜厚度宜不小于1mm

B. 薄膜之间应搭接完整,避免漏缝

C. 养护至上层结构层施工前2~3d,方可将薄膜揭开

D. 对蒸发量较大的地区或养护时间大于15d的工程,在养护过程中应适当补水

第二节 沥青路面施工

■ 知识脉络

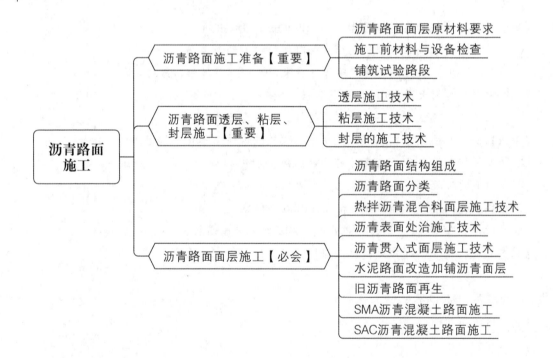

考点 1 沥青路面施工准备【重要】

1.【单选】关于改性沥青的说法,错误的是( )。

A. 改性沥青宜在固定式工厂或在现场设厂集中制作,也可在拌合厂现场边制造边使用

B. 改性沥青的加工温度不宜超过160℃

C. 现场制造的改性沥青宜随配随用

D. 需作短时间保存,或运送到附近的工地时,使用前必须搅拌均匀,在不发生离析的状态下使用

2. 【单选】沥青混合料中掺加的矿物纤维稳定剂宜采用（　　）制造。
   A. 石灰岩　　　　　　　　　　　　B. 玄武岩
   C. 花岗岩　　　　　　　　　　　　D. 页岩

3. 【单选】施工前应对沥青拌合楼、摊铺机、压路机等各种施工机械和设备进行调试，认真检查、标定，并得到（　　）的认可。
   A. 设计单位　　　　　　　　　　　B. 检测单位
   C. 业主　　　　　　　　　　　　　D. 监理

4. 【多选】下列工程中，应铺筑沥青路面试验段的有（　　）。
   A. 高速公路表面层　　　　　　　　B. 一级公路中面层
   C. 二级公路中面层　　　　　　　　D. 初次使用重大设备的三级公路表面层
   E. 有施工经验的四级公路表面层

考点 2　沥青路面透层、粘层、封层施工【重要】

1. 【单选】为使沥青面层与基层结合良好，在基层上浇洒的沥青薄层称为（　　）。
   A. 透层　　　　　　　　　　　　　B. 粘层
   C. 封层　　　　　　　　　　　　　D. 结合层

2. 【单选】沥青路面施工中，必须喷洒透层沥青的情况是（　　）。
   A. 沥青稳定碎石基层　　　　　　　B. 级配碎石基层
   C. 旧沥青路面层上加铺沥青层　　　D. 旧水泥混凝土路面上铺筑沥青层

3. 【多选】透层是为了使沥青面层与基层结合良好，透层油通常采用（　　）。
   A. 乳化沥青　　　　　　　　　　　B. 改性乳化沥青
   C. 煤沥青　　　　　　　　　　　　D. 快、中凝液体石油沥青
   E. 液体沥青

4. 【单选】在无机结合料粒料基层上洒布透层油时，宜在铺筑沥青层前（　　）洒布。
   A. 1～2h　　　　　　　　　　　　B. 1～2d
   C. 2～4h　　　　　　　　　　　　D. 2～4d

5. 【多选】下列选项中，属于沥青路面粘层作用的有（　　）。
   A. 为使沥青面层与基层结合良好，在基层上浇洒乳化沥青等而形成透入基层表面的薄层
   B. 封闭某一层起保水、防水作用
   C. 使上下层沥青结构层完全粘结成一个整体
   D. 使沥青结构层与结构物（或水泥混凝土路面）完全粘结成一个整体
   E. 基层与沥青表面层之间的过渡和有效联结

6. 【多选】在沥青路面施工中，必须喷洒粘层沥青的有（　　）。
   A. 旧沥青路面层上加铺沥青层　　　B. 无机结合料基层上铺筑沥青层
   C. 水泥混凝土路面上铺筑沥青层　　D. 半刚性基层上铺筑沥青层
   E. 有裂缝或已修补的旧沥青路面

7. 【单选】为封闭表面空隙，防止水分浸入面层或基层而铺筑的沥青混合料薄层称为（　　）。
   A. 透层　　　　　　　　　　　　　B. 粘层
   C. 封层　　　　　　　　　　　　　D. 结合层

8.【单选】下列关于封层作用的说法，不正确的是（　　）。
   A. 封闭某一层，起保水、防水作用
   B. 提高基层的整体强度
   C. 起基层与沥青表面之间的过渡和有效联结作用
   D. 路的某一层表面破坏离析松散处的加固补强

9.【多选】下列稀浆封层施工做法中，正确的有（　　）。
   A. 施工前，应彻底清除原路面的泥土、杂物
   B. 施工时应在湿润情况下进行
   C. 铺筑后，必须待乳液破乳、水分蒸发、干燥成型后方可开放交通
   D. 稀浆封层施工气温不得低于5℃
   E. 摊铺后尚未成型的混合料遇雨时应予铲除

10.【单选】沥青路面的稀浆封层混合料的加水量应根据施工摊铺和易性由稠度试验确定，要求的稠度应为（　　）cm。
   A. 1~2   B. 1~3
   C. 2~3   D. 2~5

考点 3　沥青路面面层施工【必会】

1.【多选】沥青路面结构层包括（　　）。
   A. 面层   B. 基层
   C. 底基层   D. 垫层
   E. 过渡层

2.【单选】沥青混凝土路面结构层中，起主要承重作用的层次是（　　）。
   A. 面层   B. 基层
   C. 垫层   D. 底基层

3.【单选】沥青混凝土路面结构层中，直接承受行车荷载作用的是（　　）。
   A. 面层   B. 基层
   C. 垫层   D. 底基层

4.【单选】沥青路面结构层中，（　　）有排水、隔水、防冻、防污的作用。
   A. 面层   B. 基层
   C. 底基层   D. 垫层

5.【单选】关于沥青混凝土路面的说法，错误的是（　　）。
   A. 不含矿粉是沥青混凝土的显著特点
   B. 可以承受比较繁重的车辆交通
   C. 具有透水性小、水稳性好、耐久性高、有较大抵抗自然因素的能力
   D. 适用于各级公路面层

6.【多选】关于沥青表面处治施工技术的说法，正确的有（　　）。
   A. 沥青表面处治可分为单层式、双层式、三层式
   B. 沥青表面处治适用于一级及一级以下公路的沥青面层
   C. 沥青表面处治可作为沥青路面的磨耗层

D. 沥青表面处治可采用层铺法施工

E. 沥青表面处治可采用拌和法施工

7. 【单选】沥青路面按组成结构分类中，密实-骨架结构的典型代表是（　　）。
   A. AC-I
   B. AN
   C. OGFC
   D. SMA

8. 【单选】工程中常用的 AC-I 型沥青混凝土由连续级配矿料组成的沥青混合料结构为（　　）。
   A. 密实-悬浮结构
   B. 骨架-空隙结构
   C. 密实-嵌挤结构
   D. 密实-骨架结构

9. 【单选】按矿料级配分类，属于开级配沥青混合料的是（　　）。
   A. AC-I
   B. AM
   C. OGFC
   D. SMA

10. 【单选】SMA 沥青混合料的级配类型是（　　）。
    A. 连续级配
    B. 半开级配
    C. 开级配
    D. 间断级配

11. 【单选】由连续密级配矿料组成的沥青混合料结构为（　　）。
    A. 密实-悬浮结构
    B. 骨架-空隙结构
    C. 密实-骨架结构
    D. 密级配结构

12. 【单选】在热拌沥青混合料面层施工中，混合料开铺前将摊铺机的熨平板进行加热至不低于（　　）。
    A. 65℃
    B. 100℃
    C. 135℃
    D. 150℃

13. 【多选】下列关于沥青混合料压实的说法中，正确的有（　　）。
    A. 压路机由 2～3 台双轮双振压路机及 2～3 台重量不小于 16t 胶轮压路机组成
    B. 初压采用钢轮压路机静压 1～2 遍
    C. 边角部分压路机碾压不到的位置，使用人工夯实
    D. 密级配沥青混凝土优先采用胶轮压路机进行搓揉碾压
    E. 采用雾状喷水法，以保证沥青混合料碾压过程中不粘轮

14. 【单选】下列沥青路面面层施工接缝处理的做法，错误的是（　　）。
    A. 半幅施工不能采用热接缝时，采用人工顺直刨缝或切缝
    B. 半幅施工铺另半幅前必须将边缘清扫干净，并涂洒少量粘层沥青
    C. 横接缝首先用 3m 直尺检查端部平整度，不符合要求时，按 45°斜交于路中线切齐清除
    D. 横向接缝的碾压先用双轮双振压路机进行横压

15. 【多选】关于沥青表面处治施工技术的说法，正确的有（　　）。
    A. 沥青表面处治可采用道路石油沥青、乳化沥青、煤沥青铺筑
    B. 沥青表面处治适用于一级及一级以下公路的沥青面层
    C. 沥青表面处治的集料最大粒径为处治层厚度的 0.8 倍
    D. 沥青表面处治通常采用层铺法施工

E. 沥青表面处治宜选择在春季施工

16. 【单选】关于沥青贯入式面层，下列说法正确的是（　　）。
    A. 适用于二级及二级以下公路的沥青面层
    B. 可作为沥青路面的联结层或基层
    C. 强度和稳定性较差
    D. 是一种少空隙结构

17. 【单选】水泥路面采用直接加铺法改造时，具体的工艺流程中，钻孔的下一步骤是（　　）。
    A. 制浆
    B. 灌浆
    C. 灌浆孔封堵
    D. 交通控制

18. 【单选】水泥路面改造采用碎石化法施工时，两幅破碎一般要保证（　　）mm左右的搭接破碎宽度。
    A. 50
    B. 100
    C. 150
    D. 200

19. 【单选】水泥路面碎石化施工时，表面凹处在100mm×100mm以上的，应利用（　　）找平，以保证加铺沥青面层的平整度。
    A. 密级配碎石
    B. 沥青混合料
    C. 水泥砂浆
    D. 水泥混凝土

20. 【多选】在旧沥青混凝土路面再生法中，属于现场热再生法施工工艺的有（　　）。
    A. 整型再生法
    B. 加热再生法
    C. 重铺再生法
    D. 复拌再生法
    E. 厂拌再生法

21. 【多选】关于SMA施工的说法，正确的有（　　）。
    A. 摊铺前必须将工作面清扫干净，如用水冲，必须晒干后才能进行下一步作业
    B. 碾压温度越高越好，摊铺后应立即压实，不得等候
    C. SMA的碾压遵循"紧跟、慢压、高频、低幅"的原则
    D. SMA面层施工宜使用胶轮压路机或组合式压路机碾压
    E. 初压、复压工作区间严格分开，降低压路机工作区段长度，保证在足够高温度下进行压实作业

22. 【单选】对于SMA路面接缝处理，下列说法错误的是（　　）。
    A. 应尽可能避免冷接缝
    B. 如不可避免冷接缝，应在施工完毕、路面尚未完全冷却前，用切割机切割好，然后用水将缝处冲刷干净
    C. 当采用两台摊铺机时的纵向接缝宜采用冷接缝
    D. 横向接缝先进行横向碾压，再进行纵向碾压

23. 【单选】碎石沥青混凝土在施工时，采用小料堆集料堆放，主要是为了（　　）。
    A. 防止集料表面结硬
    B. 避免集料产生离析
    C. 方便施工
    D. 避免集料温度过高

第三节　水泥混凝土路面施工

知识脉络

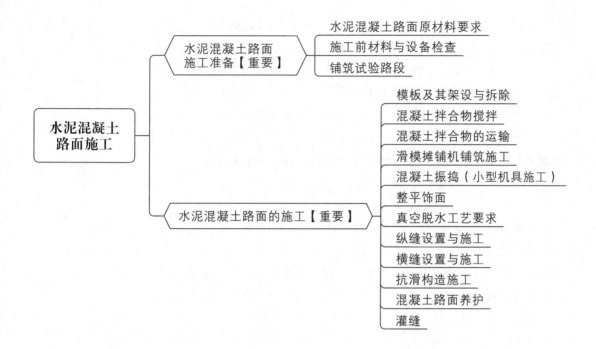

考点 1　水泥混凝土路面施工准备【重要】

1. 【多选】水泥混凝土路面中使用的水泥，应符合（　　）。
   A. 高温期施工宜采用早强型水泥，低温期宜采用普通型水泥
   B. 水泥进场时每批量应附有化学成分、物理、力学指标合格的检验证明
   C. 极重、特重、重交通荷载等级公路面层水泥混凝土应采用旋窑生产的道路硅酸盐水泥、硅酸盐水泥、普通硅酸盐水泥
   D. 中、轻交通荷载等级公路面层水泥混凝土可采用矿渣硅酸盐水泥
   E. 采用机械化铺筑时，宜选用袋装水泥

2. 【单选】处在海水、海风、氯离子环境或冬季洒除冰盐的路面或桥面钢筋混凝土、钢纤维混凝土中，宜添加的外加剂是（　　）。
   A. 缓凝剂　　　　　　　　　　　　B. 早强剂
   C. 阻锈剂　　　　　　　　　　　　D. 减水剂

3. 【单选】水泥混凝土面层施工前，如铺筑试验路段，长度不应短于（　　）m。
   A. 50　　　　　B. 100　　　　　C. 150　　　　　D. 200

考点 2　水泥混凝土路面的施工【重要】

1. 【单选】关于水泥混凝土路面模板及其架设与拆除，下列说法错误的是（　　）。
   A. 施工模板可使用木模板

B. 纵横曲线路段应采用短模板

C. 模板与混凝土拌合物接触表面应涂隔离剂

D. 模板拆除应在混凝土抗压强度不小于 8.0MPa 时方可进行

2. 【单选】混凝土拌合楼在施工中，应每（　　）校验一次拌合楼计量精确度。

   A. 15d
   B. 20d
   C. 28d
   D. 30d

3. 【单选】关于混凝土拌合物运输的说法，不正确的是（　　）。

   A. 应根据施工进度、运量、运距及路况，选配车型和车辆总数
   B. 总运力应比总拌和能力略有富余
   C. 混凝土的工作性不满足时应通过试验，加大缓凝剂或保塑剂的剂量
   D. 自卸车应快速起步和停车，减少颠簸

4. 【单选】适用滑模摊铺机进行水泥混凝土路面施工的路段是（　　）。

   A. 纵坡大于5%的上坡路段
   B. 纵坡大于6%的下坡路段
   C. 平面半径为50～100m的平曲线路段
   D. 超高横坡大于7%的路段

5. 【单选】滑模摊铺高速公路、一级公路水泥混凝土路面时，应采用（　　）。

   A. 单向坡双线基准线
   B. 单向坡单线基准线
   C. 双向坡双线基准线
   D. 双向坡单线基准线

6. 【单选】水泥混凝土面板采用小型机具进行混凝土振捣时，振动板在一个位置的持续振捣时间不应少于（　　）。

   A. 15s
   B. 20s
   C. 25s
   D. 30s

7. 【单选】振动梁振实后，应拖动滚杠往返（　　）遍提浆整平。

   A. 1～2
   B. 1～3
   C. 2～3
   D. 2～5

8. 【多选】水泥混凝土路面纵缝包括（　　）。

   A. 施工缝
   B. 缩缝
   C. 胀缝
   D. 竖缝
   E. 斜缝

9. 【单选】纵缝拉杆应采用热扎带肋钢筋，设在板厚中央，并应对拉杆中部（　　）mm进行防锈处理。

   A. 50
   B. 80
   C. 100
   D. 150

10. 【单选】关于水泥混凝土路面横缝的说法，错误的是（　　）。

    A. 横缝包括横向施工缝、缩缝和胀缝

B. 每天摊铺结束应设置横向施工缝

C. 摊铺中断时间超过30min时应设置横向施工缝

D. 普通混凝土路面横向缩缝宜采用斜缝

11.【单选】横向施工缝需设置在缩缝之间时，应采用（　　）。

A. 设传力杆假缝型

B. 设传力杆平缝型

C. 不设传力杆假缝型

D. 设拉杆企口缝型

12.【多选】关于混凝土路面抗滑构造施工的说法，不正确的有（　　）。

A. 人工修整表面时，宜使用钢抹

B. 当日施工进度超过200m时，抗滑沟槽制作宜选用拉毛机械施工

C. 用钢抹修整过的光面，不用再做拉毛处理，以恢复细观抗滑构造

D. 特重和重交通混凝土路面宜采用硬刻槽

E. 凡使用圆盘、叶片式抹面机整平后的混凝土路面必须采用硬刻槽方式制作抗滑沟槽

13.【多选】下列关于混凝土路面养护的说法中，不正确的有（　　）。

A. 混凝土路面铺筑完成或软作抗滑构造完毕后立即开始养护

B. 养护时间根据混凝土弯拉强度增长情况而定，不宜小于设计弯拉强度的75％

C. 一般养护天数宜为14～21d

D. 高温天不宜小于21d，低温天不宜小于14d

E. 掺粉煤灰的混凝土路面，最短养护时间不宜少于28d

14.【单选】下列关于混凝土路面灌缝的说法中，不正确的是（　　）。

A. 应先采用切缝机清除接缝中夹杂的砂石、凝结的泥浆等

B. 使用压力不小于0.5MPa的压力水和压缩空气彻底清除接缝中的尘土及其他污染物

C. 缝壁检验以擦不出灰尘为灌缝标准

D. 在灌缝料养护期间不应封闭交通

第四节　路面防、排水施工

知识脉络

考点 1　路面防水施工【了解】

1.【多选】应采用在路堤边坡上横向漫流的方式排除路面表面水的情况包括（　　）。

A. 路线纵坡平缓 　　　　　　　　　B. 汇水量不大

C. 路堤较高

D. 边坡坡面未做防护

E. 边坡坡面不会受到冲刷

2.【单选】路面防水施工中，对于封堵、阻隔防水，下列说法错误的是（　　）。

A. 在干旱、少雨地区，通常采用透水性大的密级配沥青混合料做表面层

B. 对多雨、潮湿地区，表面层可采用上封层组成防滑面层，以利于防水

C. 当面层渗水性大而基层、底基层及路基的水稳定性较差时，可在基层做下封层防止或减少地表水下渗

D. 对于地下水位较高、路基长期处于潮湿状态的地区，强度和稳定性会降低，在重载作用下路面会出问题的地段，应设置渗透性小的垫层，隔绝地下水向上入浸

考点 2　路面排水施工【重要】

1.【单选】路面内部排水施工时，下列要求错误的是（　　）。

A. 渗入水在路面结构内渗流路径长度不宜超过 45～60 m

B. 路面内部排水系统中各项排水设施的泄水能力均应大于渗入路面结构内的水量

C. 下游排水设施的泄水能力应低于上游排水设施的泄水能力

D. 各项排水设施不应被渗流从路面结构、路基或路肩中带来的细料堵塞

2.【单选】路面基层排水系统是直接在（　　）下设置透水性排水基层。

A. 面层　　　　　　　　　　　　B. 垫层

C. 上基层　　　　　　　　　　　D. 下基层

3.【多选】路面基层排水层的透水材料可采用（　　）。

A. 未经处治的开级配碎石集料

B. 未经处治的密级配碎石集料

C. 沥青处治的碎石集料

D. 水泥处治的碎石集料

E. 石灰处治的碎石集料

第五节　路面试验检测

知识脉络

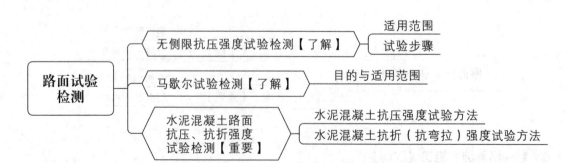

考点 1　无侧限抗压强度试验检测【了解】

1. 【单选】关于测定无机结合料稳定土（包括稳定细粒土、中粒土和粗粒土）试件的无侧限抗压强度的说法，正确的是（　　）。
   A. 试件采用 150mm×150mm×550mm 的梁形试件
   B. 试件采用边长为 150mm 的正立方体为标准试件
   C. 试件都是高：直径＝1：1 的圆柱体标准试件
   D. 试件采用边长为 70.7mm 的正立方体为标准试件

2. 【单选】无侧限抗压强度的试验步骤包括：①试料准备；②按预定的干密度制作试件；③确定最佳含水率和最大干密度；④整理报告；⑤试件养护；⑥试验。下列排序正确的是（　　）。
   A. ①②③④⑤⑥
   B. ①③②④⑤⑥
   C. ①②③⑤⑥④
   D. ①③②⑤⑥④

考点 2　马歇尔试验检测【了解】

1. 【单选】沥青饱和度又称为（　　）。
   A. 沥青稳定度
   B. 沥青饱和率
   C. 沥青填隙率
   D. 沥青孔隙率

2. 【单选】沥青混合料在外力作用下抵抗变形的能力用（　　）表示。
   A. 空隙率　　　　　　　　　　　B. 沥青饱和率
   C. 流值　　　　　　　　　　　　D. 稳定度

考点 3　水泥混凝土路面抗压、抗折强度试验检测【重要】

1. 【单选】水泥混凝土抗压强度试验步骤为（　　）。
   A. 制作试件→养护→试件修整→压力试验→试验报告
   B. 养护→制作试件→试件整修→压力试验→试验报告
   C. 制作试件→试件整修→养护→压力试验→试验报告
   D. 制作试件→试件修整→养护→试验报告→压力试验

2. 【单选】下列关于水泥混凝土抗折强度试验检测的说法，正确的是（　　）。
   A. 水泥混凝土抗折强度试件采用 150mm×150mm×550mm 的梁形试件
   B. 水泥混凝土抗折强度试件采用边长为 150mm 的正立方体为标准试件
   C. 水泥混凝土抗折强度试件都是高：直径＝1：1 的圆柱体试件
   D. 水泥混凝土抗折强度试件采用边长为 70.7mm 的正立方体为标准试件

第六节 路面工程质量通病及防治措施

■ 知识脉络

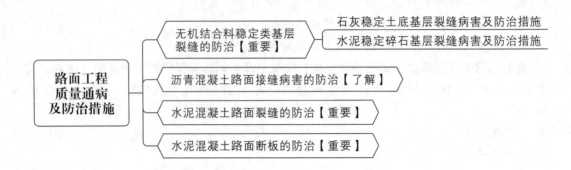

考点 1　无机结合料稳定类基层裂缝的防治【重要】

1. 【多选】有利于石灰稳定土基层裂缝的防治措施有（　　）。
   A. 超出规范标准提高水泥用量
   B. 采用塑性指数适中的土
   C. 石灰土成型后应及时洒水或覆盖塑料薄膜养护
   D. 选择在晚秋、初冬之后进行施工
   E. 施工用土中适量掺加粉煤灰

2. 【单选】关于造成水泥稳定碎石基层产生裂缝的原因，下列说法错误的是（　　）。
   A. 在保证强度的情况下，尽量降低水泥稳定碎石混合料的水泥用量
   B. 碾压时混合料含水量偏大，不均匀
   C. 混合料碾压成型后未及时洒水养护
   D. 增加碎石级配中细粉料的含量

考点 2　沥青混凝土路面接缝病害的防治【了解】

【多选】关于沥青混凝土路面横向接缝病害的预防措施，说法正确的有（　　）。
   A. 尽量采用斜接缝
   B. 压路机先进行横向碾压，再纵向碾压
   C. 预热软化已压实部分路面，加强新旧混合料的粘结
   D. 摊铺机起步速度要慢，并调整好预留高度
   E. 碾压的温度要符合要求

考点 3　水泥混凝土路面裂缝的防治【重要】

1. 【单选】下列关于水泥混凝土路面龟裂原因的叙述中，不正确的是（　　）。
   A. 混凝土配合比不合理，水泥用量和砂率过大
   B. 混凝土拌制时水胶比过大
   C. 模板与垫层过于干燥，吸水大

D. 混凝土施工时，振捣不均匀

2.【多选】下列做法中，容易造成水泥混凝土路面产生横向裂缝的有（　　）。

A. 选用硅酸盐水泥或普通硅酸盐水泥

B. 混凝土振捣均匀

C. 混凝土路面基础发生不均匀沉陷

D. 混凝土路面切缝不及时

E. 混凝土路面板厚度与强度不足

考点 4　水泥混凝土路面断板的防治【重要】

【单选】关于水泥混凝土路面断板的预防措施，下列说法错误的是（　　）。

A. 做好压缝并及时切缝　　　　　　　B. 车辆应尽早通行

C. 采用合格的原材料　　　　　　　　D. 严格控制施工工艺

第三章 桥涵工程

第一节 桥梁工程

■ 知识脉络

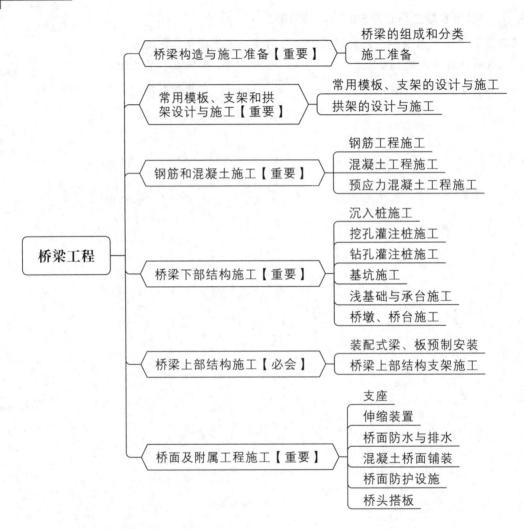

考点 1 桥梁构造与施工准备【重要】

1. 【多选】桥梁的下部结构包括（　　）。
   A. 桥跨结构　　　　　　　　　　　B. 桥墩
   C. 桥台　　　　　　　　　　　　　D. 基础
   E. 桥面结构

2. 【单选】下列不属于桥梁附属设施的是（　　）。
   A. 监控系统　　　　　　　　　　　B. 桥面系

C. 伸缩缝 D. 桥头搭板

3. 【多选】桥梁的基本组成除了上部结构、下部结构，还包括（   ）。
   A. 桥面铺装 B. 支座系统
   C. 伸缩缝 D. 附属设施
   E. 桥头搭板

4. 【单选】对于拱式桥，拱圈（或拱肋）各截面形心点的连线称为拱轴线，拱轴线两端点之间的水平距离为（   ）。
   A. 标准跨径 B. 净跨径
   C. 计算跨径 D. 总跨径

5. 【多选】桥下净空高度是（   ）至桥跨结构最下缘间的距离。
   A. 设计洪水位 B. 低水位
   C. 计算通航水位 D. 高水位
   E. 桥下线路路面

6. 【单选】某简支梁桥桥面标高为43.35m，板厚60cm，桥面铺装厚12cm，桥下线路路面标高为27.80m，则该桥梁高度为（   ）m。
   A. 15.43 B. 14.95 C. 14.83 D. 15.55

7. 【多选】桥梁基本体系有（   ）。
   A. 梁式 B. 拱式
   C. 刚架 D. 高架
   E. 悬索

8. 【单选】梁式体系是一种在竖向荷载作用下无水平反力的结构，梁作为承重结构是以它的（   ）来承受荷载的。
   A. 抗压能力 B. 抗折能力
   C. 抗拉能力 D. 抗弯能力

9. 【单选】承重结构以承压为主的桥型是（   ）。
   A. 梁式桥 B. 拱式桥
   C. 悬索桥 D. 刚构桥

10. 【单选】预应力水泥混凝土单塔斜拉桥属于（   ）。
    A. 组合体系桥 B. 梁式桥
    C. 拱式桥 D. 吊桥

11. 【多选】按跨越障碍的性质，公路桥梁可划分为（   ）。
    A. 跨河桥 B. 跨线桥
    C. 高架桥 D. 栈桥
    E. 铁路桥

12. 【多选】开工前应完成现场的"四通一平"工作，"一平"是指场地平整，"四通"是指（   ）。
    A. 水通 B. 电通
    C. 暖通 D. 路通

E. 通信通

考点 2　常用模板、支架和拱架设计与施工【重要】

1. 【单选】桥梁施工模板吊环设计计算拉应力应不大于（　　）MPa。
   A. 25　　　　　　B. 50　　　　　　C. 65　　　　　　D. 75

2. 【单选】支架在设置时，所用托架结构宜设置成（　　）。
   A. 菱形　　　　　　　　　　　　　B. 三角形
   C. 正方形　　　　　　　　　　　　D. 平行四边形

3. 【单选】验算模板的刚度时，结构表面外露的模板，变形值不得超过模板构件跨度的（　　）。
   A. 1/250　　　　　　　　　　　　B. 1/300
   C. 1/400　　　　　　　　　　　　D. 1/500

4. 【单选】支架受载后挠曲的杆件，其弹性挠度为相应结构跨度的（　　）。
   A. 1/250　　　　　　　　　　　　B. 1/300
   C. 1/400　　　　　　　　　　　　D. 1/500

5. 【单选】当验算模板及其支架在自重和风荷载等作用下的抗倾覆稳定性时，其抗倾覆稳定系数不得小于（　　）。
   A. 1.2　　　　　　　　　　　　　B. 1.3
   C. 1.4　　　　　　　　　　　　　D. 1.5

6. 【多选】桥梁支架安装完成后，下一工序施工前，必须检查其节点连接，纵、横向稳定性及（　　）。
   A. 杆件长度　　　　　　　　　　　B. 承载能力
   C. 顶部高程　　　　　　　　　　　D. 平面位置
   E. 支架外观

7. 【单选】对位于软土地基或软硬不均的地基上的支架，宜通过（　　）的方式，消除地基的不均匀沉降和支架的非弹性变形。
   A. 预压　　　　　　　　　　　　　B. 增加传力杆
   C. 硬化地面　　　　　　　　　　　D. 增加剪刀撑

8. 【多选】自行设计的普通支架应在适当部位设置卸落装置，常采用（　　）。
   A. 木楔　　　　　　　　　　　　　B. 木马
   C. 千斤顶　　　　　　　　　　　　D. 砂袋
   E. 砂筒

9. 【多选】在进行模板安装时，施工预拱度应考虑的因素包括（　　）。
   A. 模板、支架承受施工荷载引起的弹性变形
   B. 受载后由于杆件接头的挤压和卸落装置压缩而产生的非弹性变形
   C. 结构自重产生的挠度
   D. 1/2汽车荷载产生的挠度
   E. 支架地基在受载后的沉降变形

10. 【单选】非承重侧模板应在混凝土强度能保证其表面及棱角不致因拆模而受损坏时拆除，

一般应在混凝土抗压强度达到（　　）MPa 时拆除侧模板。

A. 2.0　　　　　　　　　　　　B. 2.5

C. 3.5　　　　　　　　　　　　D. 5.5

11. 【单选】下列关于支架制作及安装的说法中，错误的是（　　）。

   A. 主要压力杆的接长连接，宜使用对接法

   B. 对位于刚性地基上的刚度较大，且非弹性变形可确定控制在一定范围内的支架，在经计算并通过一定审核程序，确认其满足强度、刚度和稳定性等要求的前提下，可不预压

   C. 对支架进行预压时，预压荷载宜为支架所承受荷载的 1.05～1.10 倍

   D. 支架搭设时，设置的预拱度值等于施工需要的预拱度

12. 【单选】关于模板、支架拆除的要求中，错误的是（　　）。

   A. 模板拆除应按先支先拆、后支后拆的顺序进行

   B. 拆除梁、板等结构的承重模板时，在横向应同时、在纵向应对称均衡卸落

   C. 悬臂梁结构的模板宜从悬臂端开始顺序卸落

   D. 简支梁、连续梁结构的模板宜从跨中向支座依次循环卸落

13. 【单选】现浇混凝土拱圈的拱架，设计未规定时，应在拱圈混凝土强度达到设计强度的（　　）后，方可卸落拆除。

   A. 50%　　　　　　　　　　　B. 75%

   C. 85%　　　　　　　　　　　D. 100%

考点 3　钢筋和混凝土施工【重要】

1. 【单选】弯钩平直部分的长度，一般结构不宜小于箍筋直径的（　　）。

   A. 4 倍　　　　　　　　　　　B. 5 倍

   C. 8 倍　　　　　　　　　　　D. 10 倍

2. 【单选】关于普通钢筋焊接施工的说法，错误的是（　　）。

   A. 接头采用搭接电弧焊时，应使接合钢筋轴线一致

   B. 接头搭接双面焊时，两钢筋不得弯曲，应直接紧贴焊接

   C. 焊接接头应设置在弯矩、剪力较小断面

   D. 焊接接头应错开布置

3. 【多选】下列关于预应力钢筋进场验收的说法中，正确的有（　　）。

   A. 应对质量证明书、包装、标志和规格进行检查

   B. 钢丝分批检验时每批质量应不大于 60t

   C. 钢绞线分批检验时每批质量应不大于 100t

   D. 每批钢绞线进行表面质量、直径偏差和力学性能试验

   E. 热轧带肋钢筋分批检验时每批质量应不大于 100t

4. 【单选】预应力筋的下料切断时，严禁采用（　　）。

   A. 切断机　　　　　　　　　　B. 砂轮机

   C. 砂轮锯　　　　　　　　　　D. 电弧

5.【多选】关于普通钢筋加工制作的说法，正确的有（　　）。
　　A. 成盘的钢筋和弯曲的钢筋均应调直才能使用
　　B. 钢筋的连接宜采用焊接接头或机械连接接头
　　C. 轴心受拉和小偏心受拉构件应采用绑扎接头
　　D. 钢筋焊接前，应进行试焊，试焊质量经检验合格后方可正式施焊
　　E. 受力钢筋焊接或绑扎接头应设置在内力较大处，并错开布置

6.【多选】混凝土拌合物运至灌注地点时，应检查其（　　）等。
　　A. 均匀性　　　　　　　　　　　　B. 密度
　　C. 水灰比　　　　　　　　　　　　D. 配合比
　　E. 坍落度

7.【单选】进行混凝土强度试配和质量检测时，抗压强度标准试件的边长为（　　）mm。
　　A. 90　　　　　　　　　　　　　　B. 100
　　C. 150　　　　　　　　　　　　　 D. 200

8.【单选】当工程需要获得较大的坍落度时，可在不改变混凝土的水胶比、不影响混凝土的质量的情况下，适当掺加（　　）。
　　A. 水　　　　　　　　　　　　　　B. 水泥
　　C. 矿粉　　　　　　　　　　　　　D. 外加剂

9.【单选】泵送混凝土不宜使用（　　）。
　　A. 硅酸盐水泥　　　　　　　　　　B. 普通硅酸盐水泥
　　C. 道路硅酸盐水泥　　　　　　　　D. 火山灰质硅酸盐水泥

10.【多选】关于大体积混凝土施工的说法，正确的有（　　）。
　　A. 大体积混凝土的温度控制宜按照"内保外降"的原则
　　B. 粗集料宜采用连续级配，细集料宜采用细砂
　　C. 宜采取改善粗集料级配、提高掺合料和粗集料的含量、提高水胶比等措施
　　D. 宜选用低水化热和凝结时间长的水泥品种
　　E. 大体积混凝土的浇筑宜在气温较低时进行

11.【单选】关于预应力材料和预应力管道存放的说法，错误的是（　　）。
　　A. 进场后如需长时间存放，必须安排定期的外观检查
　　B. 室外存放时，时间不宜超过6个月
　　C. 不得直接堆放在地面上，必须垫以枕木并用苫布覆盖
　　D. 存放的仓库内若有腐蚀性气体，应设挡板隔离

12.【单选】张拉机具应进行校验，当千斤顶使用超过（　　）次，应重新进行标定。
　　A. 100　　　　　　　　　　　　　 B. 200
　　C. 300　　　　　　　　　　　　　 D. 400

13.【多选】预应力张拉的千斤顶与压力表，需要重新标定的情形有（　　）。
　　A. 使用时间达到3个月　　　　　　 B. 张拉次数超过200次
　　C. 千斤顶检修后　　　　　　　　　D. 更换新压力表
　　E. 压力表出现异常情况

14. 【单选】预应力筋采用应力控制方法张拉时,应以( )进行校核。
    A. 应力损失 B. 初应力
    C. 伸长值   D. 弹性模量

15. 【单选】预应力筋张拉时,实际伸长值与理论伸长值的差值应控制在( )以内。
    A. ±5%   B. ±6%
    C. ±8%   D. ±12%

16. 【单选】预应力筋张拉的实际伸长值 $\Delta L_S = \Delta L_1 + \Delta L_2$,其中 ΔL_2 指的是( )。
    A. 0到初应力的实际值
    B. 0到初应力的推算值
    C. 初应力至最后张拉应力的实测值
    D. 初应力至最后张拉应力的推算值

17. 【单选】先张法预制梁板时,承力台座应有足够的强度、刚度和稳定性,锚固横梁受力后,挠度应不大于( )mm。
    A. 1   B. 1.2
    C. 1.5   D. 2

18. 【单选】先张法预制梁板时,施工工序为:①浇筑混凝土;②穿预应力筋、调整初应力;③放松预应力筋;④立模;⑤张拉预应力筋;⑥拆模。正确的流程是( )。
    A. ④①②⑤③⑥   B. ④①⑥②⑤③
    C. ②⑤④①③⑥   D. ②⑤④①⑥③

19. 【单选】关于先张法预应力钢筋张拉施工的说法,错误的是( )。
    A. 同时张拉多根预应力筋时,应预先调整其初应力,使相互之间的应力一致
    B. 预应力筋张拉完毕后,其位置与设计位置的偏差不得大于5mm,且不应大于构件最短边长的4%
    C. 预应力筋张拉完毕后,宜在4h内浇筑混凝土
    D. 同一构件内断筋数量不得超过总数的1%

20. 【单选】预应力筋在张拉控制应力达到稳定后方可锚固,下列做法正确的是( )。
    A. 锚固完毕方可切割端头多余的预应力筋
    B. 切割时应采用电弧切割
    C. 切割后预应力筋的外露长度不应小于30mm,且不应小于1倍预应力筋直径
    D. 锚具应采用封端混凝土保护

21. 【单选】预应力筋张拉锚固后,孔道应尽早压浆,且应在( )h内完成,否则应采取避免预应力筋锈蚀的措施。
    A. 10   B. 24
    C. 48   D. 72

| 考点 4 | 桥梁下部结构施工【重要】 |

1. 【单选】桥梁基础施工中,( )一般适用于松散、中密砂土、黏性土。
    A. 静力压桩法   B. 锤击沉桩法
    C. 振动沉桩法   D. 射水沉桩法

2. 【单选】下列不属于沉入桩施工方法的是（　　）。
   A. 锤击沉桩　　　　　　　　　　　　B. 振动沉桩
   C. 振动沉管桩　　　　　　　　　　　D. 射水沉桩

3. 【单选】下列选项中，不适合采用挖孔灌注桩的是（　　）。
   A. 无地下水地区　　　　　　　　　　B. 有少量地下水地区
   C. 未风化岩层　　　　　　　　　　　D. 空气污染地区

4. 【单选】桥梁桩基础施工时，对于挖孔桩施工时孔口处应设置高出地面至少（　　）mm的护圈。
   A. 200　　　　　　　　　　　　　　B. 250
   C. 300　　　　　　　　　　　　　　D. 350

5. 【多选】下列关于人工挖孔桩安全控制要求的说法中，错误的有（　　）。
   A. 同排桩应采用跳槽开挖方法
   B. 土层或破碎岩石中挖孔桩应采用混凝土护壁
   C. 孔口处应设置护圈，且护圈应高出地面0.3m
   D. 孔内爆破宜采用深眼松动爆破
   E. 爆破后应先通风排烟10min并经检查确认无有害气体后，施工人员方可进入孔内继续作业

6. 【单选】桥梁基础采用钻孔灌注桩时，护壁泥浆是从上向下流动，孔壁坍塌的可能性较大，这种钻孔方法称为（　　）。
   A. 冲击钻孔法　　　　　　　　　　　B. 正循环回转钻孔法
   C. 反循环回转钻孔法　　　　　　　　D. 旋挖钻机钻孔法

7. 【单选】桥梁桩基钻孔时，钻渣从钻杆下口吸进，通过钻杆中心排出至沉淀池内，这种钻孔方法为（　　）。
   A. 冲击钻孔法
   B. 正循环回转钻孔法
   C. 反循环回转钻孔法
   D. 旋挖钻机钻孔法

8. 【单选】钻孔灌注桩施工中，钻孔至设计孔深后，其紧后工序是（　　）。
   A. 下放导管　　　　　　　　　　　　B. 清孔
   C. 钢筋笼制作及安放　　　　　　　　D. 灌注水下混凝土

9. 【单选】采用导管法灌注水下混凝土前，应对导管做（　　）。
   A. 抗剪和抗拉试验　　　　　　　　　B. 水密和抗压试验
   C. 水密承压和抗拉试验　　　　　　　D. 闭水和抗弯试验

10. 【单选】土石围堰顶面的高程应高出施工期间可能出现的最高水位（包括浪高）（　　）m。
    A. 0.2～0.3　　　　　　　　　　　B. 0.3～0.5
    C. 0.5～0.7　　　　　　　　　　　D. 0.5～0.8

11. 【单选】深基坑四周距基坑边缘不小于（　　）m处应设立钢管护栏、挂密目式安全网。
    A. 0.3　　　　　　　　　　　　　　B. 0.5
    C. 0.8　　　　　　　　　　　　　　D. 1.0

12.【单选】基坑开挖深度小于10m的较完整中风化基岩，宜采用（　　）。
   A. 喷射混凝土　　　　　　　　　　B. 锚杆喷射混凝土
   C. 预应力锚索　　　　　　　　　　D. 土钉支护

13.【多选】对于一般软弱地基土层，加固处理方法有（　　）。
   A. 换填土法　　　　　　　　　　　B. 挤密土法
   C. 抛石挤淤法　　　　　　　　　　D. 胶结土法
   E. 土工聚合物法

14.【单选】采用井点降水法排水时，井点降水曲线应低于基底设计高程或开挖高程至少（　　）m。
   A. 0.3　　　　　　　　　　　　　　B. 0.5
   C. 0.8　　　　　　　　　　　　　　D. 1.0

15.【单选】钢板桩围堰施打顺序一般由（　　）。
   A. 上游分两头向下游合龙
   B. 下游分两头向上游合龙
   C. 下游按逆时针方向合龙
   D. 上下游分两头合龙

16.【单选】围堰的平面尺寸宜根据承台的结构尺寸、安装及放样误差等确定，除围堰内侧兼作模板外，围堰内侧距承台边缘的净距宜不小于（　　）m。
   A. 0.5~0.7　　　　　　　　　　　　B. 0.5
   C. 0.7　　　　　　　　　　　　　　D. 1.0

17.【单选】关于钢套箱排水的说法，错误的是（　　）。
   A. 排水应在封底混凝土符合设计规定的强度后或达到设计强度的80%及以上时方可进行
   B. 封底混凝土未达到规定强度之前，应打开套箱上设置的连通器，保持套箱内外水头一致
   C. 排水时宜快不宜慢
   D. 对有底钢套箱，必要时可设反压装置抵抗过大的浮力

18.【单选】钢筋混凝土桥墩分节施工时，上一节段施工时，已浇筑节段的混凝土强度应不低于（　　）MPa。
   A. 0.5　　　　　　　　　　　　　　B. 2.5
   C. 5.0　　　　　　　　　　　　　　D. 5.5

19.【单选】关于墩台砌筑的说法，错误的是（　　）。
   A. 砌块在使用前应浇水湿润
   B. 如基底为土质，砌筑基础的第一层砌块时，可直接坐浆砌筑
   C. 分段砌筑时，分段位置宜设在沉降缝或伸缩缝处
   D. 各砌层应先砌里层，再砌筑外圈

20.【单选】桥涵台背填土的压实度应不小于（　　）。
   A. 80%　　　　　　　　　　　　　　B. 85%
   C. 95%　　　　　　　　　　　　　　D. 96%

考点 5　桥梁上部结构施工【必会】

1. 【单选】装配式桥的构件在脱底模、移运、存放和吊装时,混凝土的强度应不低于设计规定的吊装强度;设计未规定时,应不低于设计强度的(　　)。
   A. 60%　　　　　　　　　　　B. 75%
   C. 80%　　　　　　　　　　　D. 85%

2. 【多选】关于桥梁预制构件存放的说法,正确的有(　　)。
   A. 存放台座宜高出地面200mm以上
   B. 直接支承在坚硬台座上时应注意支撑稳固
   C. 支点处应采用垫木和其他适宜的材料进行支承
   D. 箱型梁叠放时不应超过3层
   E. 多层叠放时,上下层垫木不得在同一条竖直线上

3. 【单选】预制梁、板存放时间超过(　　)个月时,应对梁、板的上拱度值进行检测。
   A. 1　　　　　　　　　　　　B. 3
   C. 5　　　　　　　　　　　　D. 6

4. 【单选】采用架桥机进行安装作业时,其抗倾覆稳定系数应不小于(　　)。
   A. 1.2　　　　　　　　　　　B. 1.3
   C. 1.5　　　　　　　　　　　D. 2.0

5. 【多选】关于先简支后连续的梁在施工时应符合的规定,下列说法正确的有(　　)。
   A. 对湿接头处的梁端,应按施工缝的要求进行凿毛处理
   B. 永久支座应在设置湿接头底模之后安装
   C. 湿接头的混凝土宜在一天中气温相对较高的时段浇筑
   D. 湿接头混凝土的养护时间应不少于14d
   E. 同一片梁的临时支座应同时拆除

6. 【多选】支架现浇梁施工时,地基处理形式可采用(　　)。
   A. 地基换填压实　　　　　　　B. 力学平衡
   C. 焙烧　　　　　　　　　　　D. 混凝土条形基础
   E. 桩基础加混凝土横梁

7. 【多选】支架现浇箱梁的模板组成有(　　)。
   A. 底模　　　　　　　　　　　B. 面模
   C. 侧模　　　　　　　　　　　D. 内模
   E. 外模

8. 【单选】关于钢筋混凝土梁桥支架施工的说法,错误的是(　　)。
   A. 支架应根据技术规范的要求确定是否采取预压措施
   B. 支架预拱度一般按二次抛物线设置
   C. 支架预拱度设置时应考虑张拉上拱的影响
   D. 对高度超过15m的支架,应对其稳定性进行安全论证

9. 【单选】下列箱梁采用支架法进行混凝土浇筑时的做法,错误的是(　　)。
   A. 根据实际情况进行综合比较,确定箱梁混凝土采用一次或二次浇筑方式

B. 在直线段一次浇筑长度超过 90m 时，宜分段浇筑

C. 纵向分段接缝宜设在 1/5 跨的弯矩零点附近

D. 梁体混凝土在顺桥向宜从低处向高处进行浇筑

10.【单选】箱梁预应力的张拉采用双控，即以（　　）控制为主，以钢束的实际伸长量进行校核。

　　A. 张拉力　　　　　　　　　　　B. 初应力

　　C. 理论伸长率　　　　　　　　　D. 计算伸长率

考点 6　桥面及附属工程施工【重要】

1.【单选】（　　）是连接桥梁上部结构和下部结构的重要结构部件，位于桥梁上部结构和垫石之间。

　　A. 桥头搭板　　　　　　　　　　B. 伸缩装置

　　C. 垫块　　　　　　　　　　　　D. 支座

2.【单选】沥青混凝土桥面铺筑前应洒布（　　）沥青。

　　A. 透层　　　B. 粘层　　　C. 封层　　　D. 过渡层

3.【多选】关于桥面混凝土防撞护栏施工规定的说法，正确的有（　　）。

　　A. 防撞护栏应在桥面的两侧对称进行施工

　　B. 对就地现浇的防撞护栏，宜在顺桥向每间隔 5～8m 设一道断缝或假缝

　　C. 在温差较大的地区，断缝或假缝的设置间距可适当增加

　　D. 宜采用坍落度较低的干硬性混凝土

　　E. 浇筑时应分层进行，分层厚度宜不超过 300mm

第二节　涵洞工程

■ 知识脉络

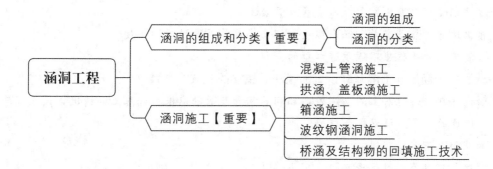

考点 1　涵洞的组成和分类【重要】

1.【多选】涵洞包括（　　）两部分。

　　A. 基础　　　B. 洞口　　　C. 洞身　　　D. 铺底

　　E. 锥形护坡

2. 【多选】涵洞的附属工程不包括（　　）。
   A. 锥形护坡
   B. 洞口铺砌
   C. 进口
   D. 出口
   E. 路基边坡铺砌

3. 【多选】涵洞按构造形式不同可分为（　　）。
   A. 圆管涵
   B. 拱涵
   C. 板涵
   D. 箱涵
   E. 盖板涵

4. 【多选】涵洞按建筑材料可分为石涵、砖涵、混凝土涵和（　　）。
   A. 木涵
   B. 土涵
   C. 钢筋混凝土涵
   D. 陶瓷管涵
   E. 铸铁管涵

5. 【多选】涵洞按水力性能分为（　　）。
   A. 无压涵
   B. 半压力涵
   C. 高压力涵
   D. 小压力涵
   E. 压力涵

考点 2　涵洞施工【重要】

1. 【单选】圆管涵施工主要工序为（　　）。
   A. 砌筑管座基础→基坑开挖→出入口浆砌→防水层施工→安装圆管→涵洞回填及加固
   B. 砌筑管座基础→基坑开挖→出入口浆砌→安装圆管→防水层施工→涵洞回填及加固
   C. 基坑开挖→砌筑管座基础→安装圆管→防水层施工→出入口浆砌→涵洞回填及加固
   D. 基坑开挖→砌筑管座基础→安装圆管→出入口浆砌→防水层施工→涵洞回填及加固

2. 【多选】关于波纹钢涵洞施工要求的说法，正确的有（　　）。
   A. 管节、块件及连接螺栓宜采用定型产品并做防腐处理
   B. 管节地基应予压实，做成与管身弧度密贴的弧形管座
   C. 波纹钢管可以直接置于岩石地基或混凝土基座上
   D. 根据地基可能下沉量、涵底纵坡和填土高度等因素设置预拱度
   E. 管涵中心的高程应不低于进水口的高程

3. 【多选】关于涵洞施工沉降缝设置的说法，错误的有（　　）。
   A. 除设置在岩石地基上的涵洞外，涵洞的洞身及基础应根据地基土的情况，设置沉降缝
   B. 沉降缝的形式应设置成企口缝
   C. 两端面上下不得交错
   D. 填缝料应具有弹性和透水性
   E. 填缝料不得填塞紧密

4. 【单选】在拱涵施工中，拱圈砌筑砂浆或混凝土强度达到设计强度的（　　）时，方可拆除拱架。
   A. 50%　　　B. 75%　　　C. 85%　　　D. 100%

5. 【单选】盖板涵施工中，吊装盖板的后一道工序为（　　）。
   A. 浆砌墙身　　B. 现浇板座　　C. 出入口浆砌　　D. 防水层施工

6. 【单选】箱涵施工时，设计无具体要求的，混凝土强度达到设计强度的（   ）后，方可进行涵顶回填。
   A. 50% B. 75%
   C. 85% D. 100%

7. 【单选】台背和涵洞洞身两侧的填土应分层夯实，其压实度不应小于（   ）。
   A. 85% B. 90%
   C. 95% D. 96%

8. 【多选】关于结构物回填施工的说法，错误的有（   ）。
   A. 桥台台背回填宜采用不透水的黏土作填料
   B. 台背回填应采用倾填方法
   C. 压实尽量使用大型机械，在临近桥台边缘或狭窄地段，则采用小型夯压机械
   D. 桥台台背和锥坡的回填不能同步进行
   E. 为保证填土与桥台衔接处的压实质量，施工中可采用夯压机械横向碾压的方法

第三节　桥涵工程质量通病及防治措施

■ 知识脉络

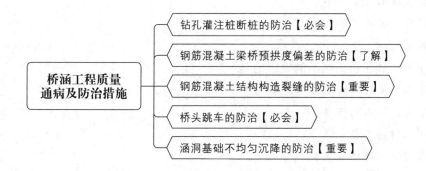

考点 1　钻孔灌注桩断桩的防治【必会】

1. 【多选】下列情形中，可能导致钻孔灌注桩断桩的有（   ）。
   A. 集料级配差，混凝土和易性差
   B. 导管埋深过大，管口混凝土已凝固
   C. 混凝土浇筑时间超过混凝土初凝时间
   D. 混凝土浇筑过程中导管埋置深度偏小
   E. 在钢筋笼制作时，采用对焊连接钢筋

2. 【单选】在灌注过程中，要防止导管埋置深度过深，导管的埋置深度一般控制在（   ）m范围内，防止导管埋置深度过深。
   A. 2.0～4.0 B. 2.0～6.0
   C. 3.0～4.0 D. 3.0～6.0

考点 2　钢筋混凝土梁桥预拱度偏差的防治【了解】

【单选】关于钢筋混凝土梁桥预拱度偏差防治措施的说法，正确的是（　　）。
A. 提高现浇梁支架及模板的施工质量
B. 施工中保证预拱度不变
C. 控制张拉的混凝土试块采用标准条件养护
D. 预制梁应尽量延长存梁时间

考点 3　钢筋混凝土结构构造裂缝的防治【重要】

【多选】钢筋混凝土结构构造裂缝形成的原因不包括（　　）。
A. 集料含泥料过大
B. 混凝土搅拌及运输时间过长
C. 混凝土水胶比较大
D. 混凝土中掺加了粉煤灰
E. 采取了推迟水化热峰值出现的措施

考点 4　桥头跳车的防治【必会】

1. 【单选】关于桥梁"桥头跳车质量通病"防治措施的说法，错误的是（　　）。
A. 路堤施工留有必要的自然固结沉降期
B. 加大台背填土的含水率
C. 做好桥头路堤的排水、防水工程
D. 设置桥头搭板

2. 【单选】下列不属于桥头跳车的原因的是（　　）。
A. 台后地基强度与桥台地基强度不同
B. 台后压实度达不到标准
C. 台后填土材料不当
D. 桥台基坑采用小型压实机械夯实

考点 5　涵洞基础不均匀沉降的防治【重要】

1. 【单选】涵洞基础混凝土浇筑施工前，对被水泡软的地基应采取（　　）。
A. 修建截水沟　　　　　　　　B. 采用轻便触探仪检测
C. 超挖　　　　　　　　　　　D. 换填

2. 【多选】涵洞基础不均匀沉降形成的主要原因有（　　）。
A. 预留涵底地基土的保护土层
B. 基坑开挖到接近设计标高时，采用轻便触探仪检测基底承载力
C. 分离式基础涵洞的基底换填处理未同步施工
D. 沉降缝上下不贯通
E. 填土含水率稍大

第四章 隧道工程

第一节 隧道围岩分级与隧道构造

■ 知识脉络

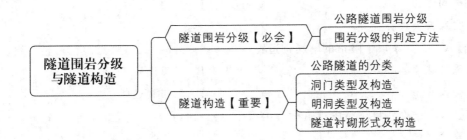

考点 1　隧道围岩分级【必会】

1.【单选】隧道进出口段的围岩为较坚硬岩，岩体较破碎～破碎，则该洞口围岩为（　　）级。
   A. Ⅱ　　　　　　　　　　　　　　　B. Ⅲ
   C. Ⅳ　　　　　　　　　　　　　　　D. Ⅴ

2.【单选】隧道穿越的岩层为坚硬岩，岩体较完整，围岩基本质量指标为550，则该围岩的级别为（　　）。
   A. Ⅱ级　　　　　　　　　　　　　　B. Ⅲ级
   C. Ⅳ级　　　　　　　　　　　　　　D. Ⅴ级

3.【单选】围岩的主要定性特征为坚硬岩，围岩基本质量指标BQ为450，此围岩的级别为（　　）。
   A. Ⅱ级　　　　　　　　　　　　　　B. Ⅲ级
   C. Ⅳ级　　　　　　　　　　　　　　D. Ⅴ级

4.【单选】隧道围岩基本质量指标BQ为250，此围岩的级别为（　　）。
   A. Ⅱ级　　　　　　　　　　　　　　B. Ⅲ级
   C. Ⅳ级　　　　　　　　　　　　　　D. Ⅴ级

5.【单选】如遇地下水情况，应对围岩岩体基本质量指标BQ进行修正，该步骤属于（　　）。
   A. 两步分级　　　　　　　　　　　　B. 初步分级
   C. 详细定级　　　　　　　　　　　　D. 最终定级

6.【单选】围岩分级是隧道中重要的参数，下列不属于围岩分级指标的是（　　）。
   A. 围岩坚硬程度　　　　　　　　　　B. 岩体完整程度
   C. 地下水的影响　　　　　　　　　　D. 瓦斯浓度

7.【多选】对公路隧道围岩详细定级时,应对岩体基本质量指标进行修正的情况有(   )。
   A. 有地下水
   B. 存在高初始应力
   C. 围岩变形
   D. 围岩土体潮湿
   E. 围岩稳定性受主要软弱结构面影响

考点 2　隧道构造【重要】

1.【多选】隧道工程由(   )组成。
   A. 主体构造物
   B. 洞身衬砌
   C. 附属构造物
   D. 洞门
   E. 照明及安全设备

2.【单选】(   )不属于隧道的附属构造物。
   A. 通风设施
   B. 照明设施
   C. 安全设施
   D. 洞门构造物

3.【单选】单洞三车道隧道按跨度进行分类属于(   )。
   A. 小跨度隧道
   B. 一般跨度隧道
   C. 中等跨度隧道
   D. 大跨度隧道

4.【单选】隧道洞口仰坡坡脚至洞门墙背的水平距离不应小于(   )m。
   A. 0.5
   B. 1.0
   C. 1.5
   D. 2.0

5.【单选】公路隧道按长度进行分类,长度为1000m的隧道属于(   )。
   A. 特长隧道
   B. 长隧道
   C. 中隧道
   D. 短隧道

6.【单选】在隧道洞口,洞门端墙墙顶应高出墙背回填面(   )m。
   A. 0.5
   B. 1.0
   C. 1.5
   D. 2.0

7.【多选】公路隧道的洞门形式主要有(   )。
   A. 端墙式洞门
   B. 明洞式洞门
   C. 分离式洞门
   D. 整体式洞门
   E. 复合式洞门

8.【多选】下列属于端墙式洞门的有(   )。
   A. 墙式洞门
   B. 翼墙式洞门
   C. 台阶式洞门
   D. 柱式洞门
   E. 削竹式洞门

9.【单选】洞门端墙和翼墙应具有抵抗来自仰坡、边坡土压力的能力,下列关于墙身厚度的说法中,正确的是(   )。
   A. 洞门墙墙身最小厚度应小于0.5m,翼墙墙身厚度应小于0.3m
   B. 洞门墙墙身最小厚度不应小于0.3m,翼墙墙身厚度不应小于0.3m
   C. 洞门墙墙身最小厚度不应小于0.5m,翼墙墙身厚度不应小于0.5m
   D. 洞门墙墙身最小厚度不应小于0.5m,翼墙墙身厚度不应小于0.3m

10. 【多选】下列关于设置明洞的说法中，正确的有（　　）。
    A. 隧道洞口受塌方、岩堆、落石、泥石流等不良地质危害时，通常应设置明洞
    B. 明洞结构类型分为圆形明洞和方形明洞
    C. 洞顶回填土层较厚或一次塌方量大、落石较多时，宜采用拱形明洞
    D. 明洞需要克服来自仰坡方向滑坡推力时，宜采用矩形结构
    E. 高度受到限制的地段，可采用矩形框架明洞

11. 【多选】隧道衬砌按断面形状分为（　　）。
    A. 端墙式　　　　　　　　　　B. 翼墙式
    C. 曲墙式　　　　　　　　　　D. 直墙式
    E. 连拱式

12. 【单选】关于隧道衬砌的说法，错误的是（　　）。
    A. 高速公路、一级公路、二级公路的隧道应采用喷锚衬砌
    B. Ⅳ～Ⅴ级围岩洞身段应采用复合式衬砌，也可以采用整体式衬砌
    C. Ⅰ～Ⅲ级围岩洞身段可采用喷锚衬砌
    D. 隧道衬砌断面形式常用的有曲墙拱形衬砌和直墙拱形衬砌

第二节　隧道地质超前预报和监控量测技术

■ 知识脉络

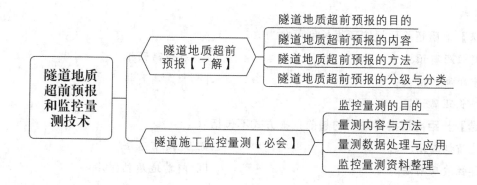

考点 1　隧道地质超前预报【了解】

1. 【多选】隧道地质超前预报的内容包括（　　）。
    A. 地层岩性　　　　　　　　　B. 地质构造
    C. 不良地质　　　　　　　　　D. 地下水
    E. 初始应力

2. 【单选】适用于各种地质条件下隧道超前地质预报的是（　　）。
    A. 地质调查法
    B. 弹性波反射法
    C. 地质雷达法

D. 高分辨直流电法

3. 【多选】隧道超前预报中的物探法包括（　　）。
   A. 弹性波反射法
   B. 地质雷达法
   C. 高分辨直流电法
   D. 超前钻探法
   E. 超前导洞法

4. 【单选】富水构造破碎带、煤系或油气地层、瓦斯发育区等地质复杂隧道和水下隧道必须采用（　　）预测、预报、评价前方地质情况。
   A. 地质调查法
   B. 物探法
   C. 地质雷达法
   D. 超前钻探法

5. 【单选】超前地质钻探法应结合地质调查和物探报告综合预报，宜采用中距离钻探，必要时可采用长距离钻探，连续钻探时前后两次宜重叠（　　）m。
   A. 3~5　　　　　　　　　　　　B. 5~10
   C. 5~15　　　　　　　　　　　 D. 10~20

6. 【多选】根据地质复杂程度，地质预测预报分为（　　）。
   A. A级　　　　　　　　　　　　B. B级
   C. C级　　　　　　　　　　　　D. D级
   E. E级

7. 【多选】地质超前预报按预报长度可分为（　　）。
   A. 超短距离预报　　　　　　　　B. 短距离预报
   C. 中距离预报　　　　　　　　　D. 长距离预报
   E. 特长距离预报

8. 【单选】长距离预报可采用的超前预报方式不包括（　　）。
   A. 地质调查法　　　　　　　　　B. 地质雷达法
   C. 弹性波反射法　　　　　　　　D. 超前地质钻探法

考点 2　隧道施工监控量测【必会】

1. 【单选】下列复合式衬砌隧道施工监控量测项目中，属于选测项目的是（　　）。
   A. 周边位移　　　　　　　　　　B. 锚杆轴力
   C. 拱顶下沉　　　　　　　　　　D. 洞内、外观察

2. 【多选】下列复合式隧道监控量测项目中，属于必测项目的是（　　）。
   A. 周边位移　　　　　　　　　　B. 拱顶下沉
   C. 钢架内力及外力　　　　　　　D. 围岩体内位移
   E. 围岩压力

3. 【单选】隧道现场监控量测中，地表下沉量测应使用（　　）。
   A. 地质罗盘

B. 各种类型收敛计

C. 应力计

D. 水准仪

4. 【多选】隧道现场监控量测时，测量周边位移使用的工具有（　　）。

　　A. 地质罗盘　　　　　　　　　　B. 收敛计

　　C. 全站仪　　　　　　　　　　　D. 经纬仪

　　E. 软尺

5. 【单选】地表水平位移属于（　　）项目。

　　A. 应测　　　　　　　　　　　　B. 必测

　　C. 选测　　　　　　　　　　　　D. 不测

6. 【多选】洞内必测项目，各测点宜在靠近掌子面、不受爆破影响范围内尽快安设，关于初读数说法正确的有（　　）。

　　A. 应在每次开挖后 2h 内、下一循环开挖前取得

　　B. 应在每次开挖后 12h 内、下一循环开挖后取得

　　C. 应在每次开挖后 12h 内、下一循环开挖前取得

　　D. 最迟不得超过 12h

　　E. 最迟不得超过 24h

7. 【单选】围岩稳定性应根据监控量测结果判定，如果实测位移值小于设计极限位移值的 1/3，则施工状态应是（　　）。

　　A. 正常施工

　　B. 加强支护

　　C. 减少开挖

　　D. 采取特殊措施

8. 【单选】根据位移速率判断围岩稳定性时，如果速率大于 1.0mm/d，则围岩处于（　　）。

　　A. 基本稳定状态

　　B. 变形较大状态

　　C. 变形大，应加强观测

　　D. 急剧变形状态，应加强初期支护

9. 【多选】下列关于初期支护承受的应力、应变、压力实测值与允许值之比的说法中，正确的有（　　）。

　　A. 大于或等于 0.8 时，围岩不稳定

　　B. 大于或等于 0.8 时，围岩处于稳定状态

　　C. 小于 0.8 时，围岩处于稳定状态

　　D. 小于 1.0 时，围岩处于稳定状态

　　E. 大于或等于 1.0 时，围岩不稳定

第三节 隧道施工

知识脉络

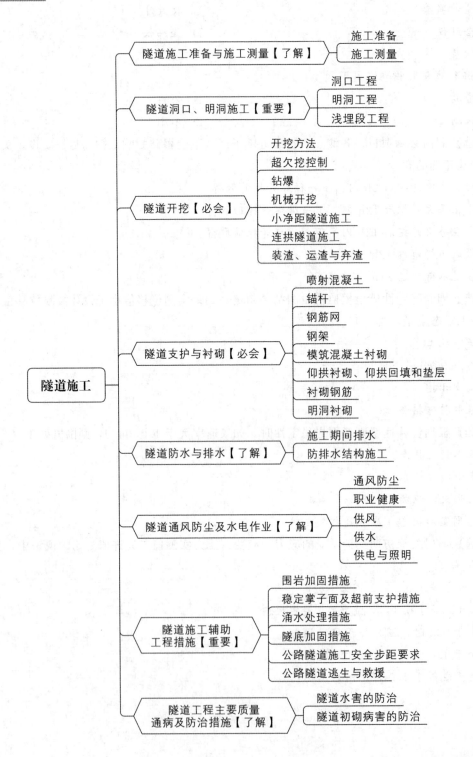

第一篇　公路工程技术

考点 1　隧道施工准备与施工测量【了解】

1. 【多选】隧道施工场地布置应遵循因地制宜、统一规划、安全方便、节地环保的原则，并应符合的规定有（　　）。
   A. 应事先规划，以隧道中心为中心布置并减少与现有道路交叉和干扰
   B. 运输便道、场区道路和临时排水设施等，应统一规划、合理布局、形成网络
   C. 隧道洞内宜设置机械设备安装、维修和停放的场地
   D. 砂石料应分仓存放
   E. 施工场地周边开挖应采取降低开挖高度和面积、挡护等保持边坡稳定措施

2. 【单选】当洞内有瓦斯等易燃易爆气体时，测量前需检测测点附近（　　）m 范围内瓦斯等易燃易爆气体浓度。
   A. 10　　　　　　　　　　　　　　B. 15
   C. 20　　　　　　　　　　　　　　D. 25

考点 2　隧道洞口、明洞施工【重要】

1. 【单选】洞门端墙的砌筑与回填应（　　）进行。
   A. 先内后外　　　　　　　　　　　B. 先上后下
   C. 先下后上　　　　　　　　　　　D. 两侧对称

2. 【单选】关于隧道洞口开挖与防护的说法中，错误的是（　　）。
   A. 洞口边坡及仰坡应上下重叠开挖
   B. 宜采用人工配合机械开挖
   C. 边仰坡防护应及时施作
   D. 应随时检查监测边坡和仰坡的变形状态

3. 【单选】明洞拱背回填应对称分层夯实，分层厚度不得大于 0.3m，两侧回填高差不得大于（　　）m。
   A. 0.3　　　　　　　　　　　　　　B. 0.5
   C. 1.0　　　　　　　　　　　　　　D. 1.2

4. 【单选】明洞回填施工中，下列做法错误的是（　　）。
   A. 明洞回填应遵循对称均衡的原则
   B. 明洞拱背回填应在外模拆除、防水层和排水盲管施工完成后进行
   C. 洞门顶排水沟砌筑在填土上时，应在填土回填后夯实前进行砌筑
   D. 人工回填时，拱圈混凝土强度应不小于设计强度的 75%

考点 3　隧道开挖【必会】

1. 【单选】土质和软弱破碎围岩，两开挖面间距达到（　　）倍隧道跨度时，应改为单向开挖。
   A. 2　　　　　　　　　　　　　　　B. 2.5
   C. 3.5　　　　　　　　　　　　　　D. 4

2. 【单选】围岩为Ⅰ～Ⅲ级的隧道，最适宜采用（　　）。
   A. 全断面法　　　　　　　　　　　B. 环形开挖留核心土法

C. 中隔壁法　　　　　　　　　　　　D. 双侧壁导坑法

3. 【多选】采用环形开挖留核心土法施工时，应符合的规定有（　　）。
   A. 台阶开挖高度宜为 2.5~3.5m
   B. 环形开挖每循环进尺，V级围岩宜不大于2榀钢架间距
   C. 核心土面积宜不小于断面面积的30%
   D. 拱部超前支护完成后，方可开挖上台阶环形导坑
   E. 核心土与下台阶开挖应在上台阶支护完成且喷射混凝土强度达到设计强度的70%后进行

4. 【单选】下列关于隧道超欠挖控制的说法中，错误的是（　　）。
   A. 隧道开挖轮廓应根据设计开挖轮廓和围岩变形量确定
   B. 当岩层完整、岩石抗压强度大于30MPa并确认不影响衬砌结构稳定和强度时，允许岩石个别突出部分欠挖，欠挖隆起量不得大于50mm
   C. 拱脚、墙脚以上1m范围内及净空图折角对应位置严禁欠挖
   D. 当采用钢架支撑时，如围岩变形较大，支撑可能沉落或局部支撑难以拆除时，应适当减小开挖断面

5. 【单选】关于隧道超挖回填规定的说法，错误的是（　　）。
   A. 局部超挖且超挖量不超过200mm时，宜采用喷射混凝土回填
   B. 沿设计轮廓线的均匀超挖，有钢架时必须采用喷射混凝土回填
   C. 沿设计轮廓线的均匀超挖，无钢架时可采用二次砌衬混凝土回填
   D. 边墙部位超挖，可采用混凝土或片石混凝土回填

6. 【单选】光面爆破和预裂爆破的相同点不包括（　　）。
   A. 均是控制爆破的方法
   B. 通过控制能量释放，有效控制破裂方向和破坏范围
   C. 均有两个自由面
   D. 均可使隧道达到稳定、平整的设计要求

7. 【多选】隧道采用钻爆开挖时，炮孔布置应符合的规定有（　　）。
   A. 掏槽孔宜布置在开挖断面的中央稍靠上部
   B. 开挖断面底面两隅处，宜合理布置辅助孔，适当增加药量
   C. 两个掏槽孔间距不宜小于200mm
   D. 掏槽孔宜比辅助孔孔底浅100~200mm
   E. 在岩层层理或节理发育时，斜孔掏槽的炮孔方向宜与层理面或节理面垂直

8. 【单选】下列关于装药作业的说法中，错误的是（　　）。
   A. 严禁装药与钻孔平行作业
   B. 严禁作业人员穿戴化纤衣服
   C. 严禁使用木质或竹质炮棍装药
   D. 严禁用块状材料、煤粉或其他可燃材料作炮泥

9. 【单选】关于炮孔痕迹保存率的说法中，错误的是（　　）。
   A. 硬岩的炮孔痕迹保存率应不小于80%
   B. 中硬岩的炮孔痕迹保存率应不小于70%

C. 软岩的炮孔痕迹保存率应不小于50%

D. 松散岩土炮孔痕迹保存率应不小于30%

10.【单选】爆破作业应在上一循环喷射混凝土终凝（　　）h后进行。
   A. 1　　　　　　　　　　　　　　B. 2
   C. 3　　　　　　　　　　　　　　D. 5

11.【多选】小净距隧道施工需要遵循的原则有（　　）。
   A. 少扰动　　　　　　　　　　　　B. 大爆破
   C. 快加固　　　　　　　　　　　　D. 勤量测
   E. 早封闭

12.【单选】关于仰拱栈桥的说法中，错误的是（　　）。
   A. 仰拱栈桥宜采用自行式整体栈桥
   B. 仰拱栈桥液压千斤顶宜设有自锁定装置
   C. 仰拱栈桥引桥的纵向坡度应不小于25%
   D. 车辆通过栈桥时速度不得大于5km/h

考点 4　隧道支护与衬砌【必会】

1.【多选】进行喷射混凝土作业时，应符合的规定有（　　）。
   A. 喷射混凝土应直接喷在围岩面上，与围岩密贴，受喷面不得填塞杂物
   B. 喷射混凝土作业应按初喷和复喷混凝土分别进行，复喷混凝土不可多次施作
   C. 喷射混凝土应分段、分片、分层由下而上顺序进行
   D. 后一层喷射混凝土应在前一层喷射混凝土初凝后进行
   E. 喷射混凝土需要挂模喷射

2.【单选】下列关于锚杆施作的说法中，错误的是（　　）。
   A. 有系统锚杆的地段，系统锚杆宜在下一循环开挖前完成
   B. 无钢架地段，锚杆可在初喷混凝土、挂钢筋网后施作
   C. 无钢架地段，锚杆可在初喷混凝土、挂钢筋网、复喷后施作
   D. 有钢架地段，锚杆可在初喷混凝土、挂钢筋网、立钢拱架后、复喷混凝土前施作

3.【单选】下列关于型钢施作的说法，错误的是（　　）。
   A. 型钢钢架应采用热弯法制造成形，宜在工厂加工
   B. 型钢钢架每节段宜为连续整体，当节段中出现两段型钢对接焊接时，每节段对接焊缝数不得大于1
   C. 对接焊应在场外完成
   D. 型钢钢架与连接钢板焊接应采用双面焊

4.【单选】下列关于隧道采用全断面衬砌模板台车的说法中，错误的是（　　）。
   A. 模板应留振捣窗，振捣窗不宜小于450mm×450mm
   B. 混凝土一次浇筑长度宜为6.0～12.0m
   C. 模筑混凝土衬砌施工缝应结合沉降缝、伸缩缝调整设置
   D. 拱墙混凝土应按先拱后墙的顺序连续浇筑

5.【单选】仰拱衬砌混凝土应整幅一次浇筑成形，不得左右半幅分次浇筑，一次浇筑长度不宜

大于（　　）m。
A. 2.0　　　　　　　　　　　　B. 5.0
C. 10.0　　　　　　　　　　　　D. 50.0

6.【单选】明洞衬砌施工时，内模拆除应满足的要求是（　　）。
　A. 明洞混凝土强度达到 2.5MPa
　B. 明洞混凝土强度达到设计强度的 75%
　C. 明洞混凝土强度达到设计强度的 85%
　D. 明洞混凝土强度达到设计强度的 100%

考点 5　隧道防水与排水【了解】

1.【单选】关于隧道施工反坡排水的说法，错误的是（　　）。
　A. 应根据排水距离、坡度、水量和施工组织，编制反坡排水方案
　B. 井下工作水泵的排水能力应不小于 0.8 倍正常涌水量
　C. 井下备用水泵排水能力应不小于工作水泵排水能力的 70%
　D. 做好停电时的应急排水预案

2.【单选】隧道施工期间，围岩地下水位应保持在开挖线以下（　　）m。
A. 0.1　　　　　　　　　　　　B. 0.3
C. 0.5　　　　　　　　　　　　D. 0.8

3.【单选】下列关于隧道防水层铺设的说法，错误的是（　　）。
　A. 防水层铺设应超前二次衬砌施工 1~2 个循环距离衬砌段
　B. 防水层宜利用专用台车铺设
　C. 防水层应采用纵向搭接
　D. 无纺布与防水板应分别铺挂，无纺布铺挂完成后再挂防水板

考点 6　隧道通风防尘及水电作业【了解】

1.【多选】隧道常用通风方式有（　　）。
　A. 抽出式
　B. 压入式
　C. 送排风并用式
　D. 送排风混合式
　E. 自然通风式

2.【单选】关于隧道供水方案的说法，不符合要求的是（　　）。
　A. 水源的水量应满足工程和生活用水的需要
　B. 水池的容量应有一定的储备量
　C. 采用机械站供水时，应有备用的抽水机
　D. 严禁利用自然水源

3.【多选】关于隧道施工低压供电的说法，正确的有（　　）。
　A. 应采用 220/380V 三相五线制电力系统
　B. 宜采用总配电箱、分配电箱二级配电系统
　C. 应采用二级漏电供护系统

D. 应采用电源中性点直接接地

E. 应采用 TN-S 接零保护系统

考点 7　隧道施工辅助工程措施【重要】

1. 【多选】围岩大变形地段，可采用的围岩加固措施有（　　）。
   A. 地面砂浆锚杆　　　　　　　　B. 土钉支护
   C. 地表注浆　　　　　　　　　　D. 围岩超前注浆
   E. 围岩径向注浆

2. 【多选】当隧道掌子面自稳性差，掌子面开挖可能坍塌、拱顶掉块时，可采取的措施有（　　）。
   A. 超前管棚支护　　　　　　　　B. 超前水平旋喷加固
   C. 超前锚杆支护　　　　　　　　D. 超前小导管支护
   E. 超前换土法

3. 【单选】超前小导管施工应符合的规定不包括（　　）。
   A. 超前小导管尾端应支撑于钢架上，并应焊接牢固
   B. 超前小导管与围岩间出现间隙时，应采用喷射混凝土填满
   C. 超前小导管管内应注满砂浆
   D. 超前小导管施工完成后应立即进行开挖

4. 【单选】隧道安全步距是指隧道仰拱或二次衬砌到（　　）的安全距离，安全步距主要由隧道围岩级别决定。
   A. 入口　　　　　　　　　　　　B. 安全通道
   C. 初期支护　　　　　　　　　　D. 掌子面

5. 【单选】仰拱与掌子面的距离，Ⅴ级围岩不得超过（　　）m。
   A. 90　　　　　　　　　　　　　B. 70
   C. 50　　　　　　　　　　　　　D. 40

6. 【单选】软弱围岩及不良地质隧道的二次衬砌应及时施作，Ⅳ级围岩中二次衬砌距掌子面的距离不得大于（　　）m。
   A. 90　　　　　　　　　　　　　B. 70
   C. 50　　　　　　　　　　　　　D. 40

7. 【单选】公路隧道逃生通道内径不宜小于（　　）m。
   A. 0.5　　　　　　　　　　　　B. 0.6
   C. 0.8　　　　　　　　　　　　D. 1.2

考点 8　隧道工程主要质量通病及防治措施【了解】

1. 【多选】隧道工程水害的防治措施包括（　　）。
   A. 种植树木、草皮，减少流沙
   B. 因势利导，给地下水以可排走的通道，将水迅速地排到洞外
   C. 将流向隧道的水源截断，或尽可能使其水量减少
   D. 堵塞衬砌背后的渗流水，集中引导排出

E. 合理选择防水材料，严格施工工艺

2. 【单选】隧道衬砌裂缝病害的防治中，钢筋保护层厚度必须保证不小于（　　）mm，钢筋使用前应做除锈、清污处理。
   A. 20 　　　　　　　　B. 25 　　　　　　　　C. 30 　　　　　　　　D. 50

3. 【多选】隧道发生衬砌裂缝的原因主要有（　　）。
   A. 围岩压力不均　　　　　　　　　　B. 衬砌背后局部空洞
   C. 衬砌厚度严重不足　　　　　　　　D. 混凝土收缩性小
   E. 不均匀沉降

4. 【单选】关于隧道衬砌裂缝病害预防措施的说法中，错误的是（　　）。
   A. 钢筋保护层厚度必须保证不小于30mm　　B. 宜采用较大的水胶比，降低骨灰比
   C. 混凝土拆模时，内外温差不得大于20℃　　D. 衬砌施工时应设置沉降缝、伸缩缝

5. 【多选】提高围岩稳定性能够有效地保证隧道衬砌结构施工的安全性，加固措施多采用（　　）。
   A. 小导管注浆　　　　　　　　　　　B. 管棚注浆
   C. 锚固注浆　　　　　　　　　　　　D. 深孔注浆
   E. 径向注浆

第五章 交通工程

第一节 交通安全设施

■ 知识脉络

交通安全设施 ── 交通安全设施的主要构成与功能【必会】
　　　　　　└── 交通安全设施的施工技术要求【重要】

考点 1　交通安全设施的主要构成与功能【必会】

1. 【多选】交通安全设施主要包括（　　）。
   A. 交通标线　　　　　　　　　B. 交通标志
   C. 视线诱导设施　　　　　　　D. 防眩设施
   E. 监控设施

2. 【单选】用图形符号、颜色等向交通参与者传递特定信息，用于管理交通的设施是（　　）。
   A. 交通标志　　　　　　　　　B. 交通标线
   C. 里程标　　　　　　　　　　D. 防眩设施

3. 【单选】下列属于交通标志的是（　　）。
   A. 禁令标志
   B. 线形诱导标志
   C. 分合流标志
   D. 突起路标

4. 【多选】交通标线的主要作用是传递有关道路交通的规则、警告和指引交通。下列设施属于交通标线的有（　　）。
   A. 指路标志　　　　　　　　　B. 指示标志
   C. 立面标记　　　　　　　　　D. 实体标记
   E. 突起路标

5. 【多选】货运车辆失控风险较高路段需设置避险车道，主要包括（　　）。
   A. 加宽车道　　　　　　　　　B. 引道
   C. 制动床　　　　　　　　　　D. 救援车道
   E. 应急车道

6. 【多选】交通安全设施中的视线诱导设施主要包括轮廓标、合流诱导标和（　　）等。
   A. 指示标志　　　　　　　　　B. 限速标志
   C. 线形诱导标　　　　　　　　D. 示警桩
   E. 示警墩

7.【单选】避免对向车辆前照灯造成的眩目影响,保证夜间行车安全的交通安全设施是（　　）。
  A. 突起路标　　　　　　　　　　　　B. 轮廓标
  C. 防眩设施　　　　　　　　　　　　D. 指路标志

考点 2　交通安全设施的施工技术要求【重要】

1.【多选】关于标线施工技术要求的说法,正确的有（　　）。
  A. 标线工程正式开工前,应进行实地试划试验
  B. 在正式划标线前,应保证路面表面清洁干燥
  C. 应根据设计图纸进行放样
  D. 通过划线机的行驶速度控制好标线厚度
  E. 喷涂施工应在气温低时进行

2.【单选】混凝土护栏采用就地浇筑的方式施工时,错误的做法为（　　）。
  A. 钢筋及预埋件应在浇筑混凝土前安装好
  B. 每节护栏构件的混凝土根据长度可一次或两次浇筑完成
  C. 浇筑的混凝土护栏可采用湿法养护
  D. 浇筑的混凝土护栏可采用塑料薄膜养护

第二节　监控和照明系统

知识脉络

考点 1　监控系统的主要构成与功能【重要】

1.【多选】监控系统的主要构成有（　　）。
  A. 隧道排水子系统
  B. 视频监控子系统
  C. 交通信号监控子系统
  D. 隧道紧急电话子系统
  E. 隧道广播子系统

2.【单选】（　　）是高速公路监控系统的主要系统,为管理部门提供有效的管理手段。
  A. 交通信号监控系统
  B. 有线广播系统
  C. 隧道通风控制系统
  D. 调度指令电话系统

3.【多选】视频监控系统由沿线、隧道、桥梁等地设置的遥控及固定摄像机及编码设备，（　　）等设备组成。

　　A. 传输通道　　　　　　　　　　　B. 会议电视终端装置

　　C. 监控分中心的视频监视设备　　　D. 便携式投影机

　　E. 监控分中心的管理和存储设备

4.【单选】下列关于火灾报警系统的说法中，错误的是（　　）。

　　A. 火灾报警系统由人工和自动报警两个系统合成

　　B. 自动报警系统由洞内火灾自动检测设备、监控分中心（监控所）的火灾报警控制器以及传输通道等组成

　　C. 自动报警系统通常是在隧道内每50m间距的消防洞处设一个手动报警按钮

　　D. 发现隧道内有火情时，按动手动报警按钮，即可将信号传送至火灾报警控制器，并产生相应的声光报警信号和火灾地点信号

考点 2　照明系统的主要构成与功能【了解】

1.【单选】公路照明系统按照明方式分类，不包括（　　）。

　　A. 一般照明　　　　　　　　　　　B. 局部照明

　　C. 混合照明　　　　　　　　　　　D. 应急照明

2.【多选】公路照明系统按照明种类可分为（　　）。

　　A. 一般照明　　　　　　　　　　　B. 局部照明

　　C. 混合照明　　　　　　　　　　　D. 正常照明

　　E. 应急照明

3.【多选】公路照明一般包括（　　）。

　　A. 道路照明　　　　　　　　　　　B. 互通立交照明

　　C. 收费广场照明　　　　　　　　　D. 特大桥照明

　　E. 洞内照明

PART 2

第二篇
公路工程相关法规与标准

学习计划：

扫码做题
熟能生巧

山重水复疑无路
柳暗花明又一村

第六章 相关法规

■ 知识脉络

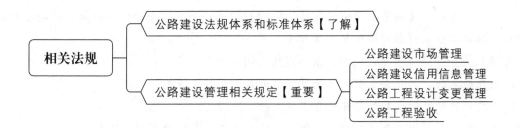

考点 1 公路建设法规体系和标准体系【了解】

1.【单选】公路建设管理法规体系分为（　　）。
   A. 二级五层次
   B. 二级四层次
   C. 三级五层次
   D. 三级四层次

2.【单选】公路工程标准的体系结构中，标准为（　　）。
   A. 第一层
   B. 第二层
   C. 第三层
   D. 第四层

考点 2 公路建设管理相关规定【重要】

1.【多选】项目施工应当具备的条件有（　　）。
   A. 项目已列入公路建设年度计划
   B. 建设资金已经落实，并经交通运输主管部门审计
   C. 征地手续已办理，拆迁基本完成
   D. 建设单位已依法确定
   E. 已办理质量监督手续

2.【单选】下列工程任务不得分包的是（　　）。
   A. 勘察工作
   B. 设计工作
   C. 施工工作
   D. 监理工作

3.【单选】关于分包合同和行为管理的说法，错误的是（　　）。
   A. 施工单位可以将非关键性工程或者适合专业化队伍施工的工程分包给具有相应资格条件的单位，并对分包工程负连带责任
   B. 分包工程可以再次分包，但严禁转包
   C. 承包人有权依据承包合同自主选择符合资质的分包人
   D. 所有分包合同须经监理审查，并报项目法人备案

4. 【单选】某公路施工企业在本年的企业信用评价总得分为 65 分,该企业的信用等级为（　　）级。
   A. A　　　　　　　　B. B　　　　　　　　C. C　　　　　　　　D. D

5. 【单选】关于公路施工企业信用信息管理的说法,错误的是（　　）。
   A. 公路施工企业信用升级实行逐级上升制
   B. 公路施工企业资质升级的,其信用评价等级不变
   C. 被 1 个省级交通运输主管部门直接认定为 D 级的企业,其全国综合评价直接定为 D 级
   D. 公路施工企业信用评价结果有效期为 1 年

6. 【单选】关于公路施工企业信用评价的说法,错误的是（　　）。
   A. 企业分立的,新设企业信用评价等级不得高于原评价等级
   B. 企业资质升级的,其信用评价应重新进行
   C. 企业合并的,按照合并前信用评价等级较低企业的等级确定合并后企业
   D. 联合体参与投标时,其信用等级按照联合体各方最低等级认定

7. 【多选】下列属于重大设计变更情形的有（　　）。
   A. 连续长度 8km 以上的路线方案调整的
   B. 特大桥的数量或结构形式发生变化的
   C. 特长隧道的数量或通风方案发生变化的
   D. 超过初步设计批准概算的
   E. 特殊不良地质路段处置方案发生变化的

8. 【单选】下列设计变更不属于较大设计变更范畴的是（　　）。
   A. 超过施工图设计批准预算的
   B. 收费方式及站点位置、规模发生变化的
   C. 特殊不良地质路段处置方案发生变化的
   D. 隧道的数量或方案发生变化的

9. 【单选】根据《公路工程设计变更管理办法》,发生重大设计变更时,负责审批的单位是（　　）。
   A. 交通部　　　　　　　　　　　　B. 项目建设单位
   C. 省级交通主管部门　　　　　　　D. 勘察设计单位

10. 【多选】交工验收阶段主要工作包括（　　）。
    A. 检查施工合同的执行情况
    B. 评价工程质量
    C. 是否可以移交下一阶段施工或者是否满足通车要求
    D. 综合评价工程建设成果
    E. 对各参建单位工作进行初步评价

11. 【单选】公路工程竣工验收的依据不包括（　　）。
    A. 批准的工程可行性研究报告
    B. 批准的工程初步设计、施工图设计及设计变更文件
    C. 招标文件及合同文本

D. 监理部门的有关批复、批示文件

12. 【多选】关于公路工程竣（交）工验收的说法，正确的有（　　）。

A. 竣工验收委员会由交通运输主管部门、项目法人、质量监督机构等单位代表组成

B. 通车试运营 2 年以上方可进行竣工验收

C. 竣工验收质量等级评定分为合格和不合格

D. 通过交工验收的合同段，项目法人应及时颁发"公路工程交工验收证书"

E. 批准的项目建议书是竣工验收的重要依据

第七章　相关标准

■ 知识脉络

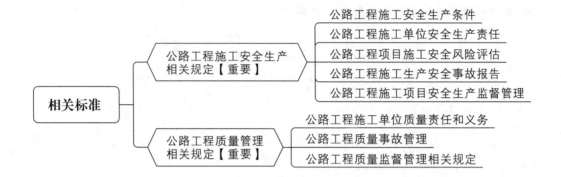

考点 1　公路工程施工安全生产相关规定【重要】

1. 【多选】施工单位从事公路水运工程建设活动，应当取得安全生产许可证及相应等级的资质证书。施工单位的（　　）应当经交通运输主管部门对其安全生产知识和管理能力考核合格。

   A. 主要负责人
   B. 项目负责人
   C. 安全生产管理人员
   D. 施工员
   E. 技术员

2. 【单选】某公路工程施工项目合同金额为 4.25 亿元，合同工期为 1 年。按相关规定，该项目应至少配备（　　）名专职安全生产管理人员。

   A. 2　　　B. 3　　　C. 4　　　D. 5

3. 【单选】关于公路工程承包人安全责任的说法，错误的是（　　）。

   A. 建设单位对施工现场的安全生产负主体责任
   B. 施工单位主要负责人依法对项目安全生产工作全面负责
   C. 建设工程实行施工总承包的，由总承包单位对施工现场的安全生产负总责
   D. 分包单位不服从管理导致生产安全事故的，由分包单位承担主要责任

4. 【多选】施工单位的项目负责人对项目安全生产负有的责任包括（　　）。

   A. 按规定配足项目专职安全生产管理人员
   B. 对施工现场进行安全监督
   C. 依据风险评估结论，完善施工组织设计和专项施工方案
   D. 组织制定本合同段应急预案，并定期组织演练
   E. 及时、如实报告生产安全事故并组织自救

5. 【多选】总体风险评估宜采用的方法包括（　　）。

   A. 专家调查法
   B. 经验分析法

C. 指标体系法	D. 安全检查表法

E. 作业条件危险性评价法

6. 【单选】桥梁或隧道工程的总体风险评估等级达到（　　），应进行专项风险评估。

   A. Ⅰ级及以上	B. Ⅱ级及以上

   C. Ⅲ级及以上	D. Ⅳ级及以上

7. 【单选】高速公路路堑高边坡工程进行安全风险评估时，总体风险评估工作应在项目开工前实施，由（　　）负责组织。

   A. 建设单位	B. 监理单位

   C. 施工单位	D. 施工总承包单位

8. 【多选】根据《关于开展公路桥梁和隧道工程施工安全风险评估试行工作的通知》（交质监发〔2011〕217号）要求，应当进行安全风险评估的隧道工程有（　　）。

   A. 海底隧道工程

   B. 浅埋、偏压隧道

   C. 中大跨度隧道

   D. Ⅵ、Ⅴ级围岩连续长度超过50m的隧道

   E. 隧道改扩建工程

9. 【多选】根据生产安全事故（以下简称事故）造成的人员伤亡或者直接经济损失，事故一般分为（　　）。

   A. 一般事故	B. 较小事故

   C. 较大事故	D. 重大事故

   E. 特别重大事故

10. 【单选】下列属于较大事故的是（　　）。

    A. 死亡3人	B. 死亡10人

    C. 重伤50人	D. 5000万元经济损失

11. 【单选】道路交通事故、火灾事故自发生之日起（　　）日内，事故造成的伤亡人数发生变化的，应当及时补报。

    A. 7	B. 14

    C. 28	D. 30

考点 2　公路工程质量管理相关规定【重要】

1. 【单选】下列关于质量事故的说法中，错误的是（　　）

   A. 特别重大质量事故是指造成直接经济损失1亿元以上的事故

   B. 公路水运建设工程质量事故分为特别重大、重大、较大和一般质量事故四个等级

   C. 一般质量事故是指1000万元以下直接经济损失的事故

   D. 特长隧道结构坍塌是重大质量事故

2. 【单选】根据公路工程质量事故等级标准，下列表述为重大质量事故的是（　　）。

   A. 死亡10人以上，29人以下

   B. 直接经济损失300万元以上，不满500万元

   C. 中小型桥梁主体结构垮塌

D. 特大型桥梁主体结构垮塌

3. 【多选】下列工程质量事故中，属于重大质量事故的有（   ）。
   A. 某特大桥主体结构垮塌
   B. 某挡土墙垮塌造成直接经济损失达 50 万元
   C. 某沥青混凝土路面质量低劣，经处理后达到合格标准，处理费用达到 260 万元
   D. 某梁桥脚手架垮塌，直接经济损失达 100 万元
   E. 某特长隧道结构坍塌

4. 【单选】工程项目交工验收前，（   ）为工程质量事故报告的责任单位。
   A. 建设单位   B. 监理单位
   C. 施工单位   D. 施工总承包单位

5. 【单选】事故报告责任单位应在接报（   ）内，核实、汇总并向负责项目监管的交通运输主管部门及其工程质量监督机构报告。
   A. 1h   B. 2h
   C. 4h   D. 1d

6. 【单选】交通运输主管部门或者其委托的建设工程质量监督机构对从业单位实施监督检查的方式不包括（   ）。
   A. 随机抽查   B. 实时跟踪
   C. 备案核查   D. 专项督查

7. 【多选】关于公路工程质量监督相关规定的说法，正确的有（   ）。
   A. 实施监督检查时，应当有 2 名以上人员参加，并出示有效执法证件
   B. 监督检查过程中，检查人员发现质量问题的，应当当场提出检查意见并做好记录
   C. 质量问题较为严重的，检查人员应当将检查时间、地点、内容、主要问题及处理意见形成书面记录
   D. 书面记录由检查人员和被检查单位现场负责人签字
   E. 有疑问时，被检查单位现场负责人可拒绝签字

PART 3 第三篇 公路工程项目管理实务

学习计划:

扫码做题
熟能生巧

第八章 公路工程企业资质与施工组织

知识脉络

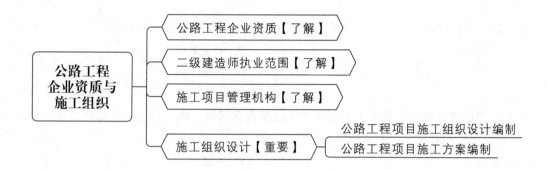

考点 1 公路工程企业资质【了解】

1.【单选】公路工程施工企业资质等级划分中,公路路面工程专业承包企业不包括(　　)。
　　A. 特级企业　　　　　　　　　　　B. 一级企业
　　C. 二级企业　　　　　　　　　　　D. 三级企业

2.【多选】桥梁工程专业承包企业分为(　　)。
　　A. 特级企业　　　　　　　　　　　B. 一级企业
　　C. 二级企业　　　　　　　　　　　D. 三级企业
　　E. 四级企业

3.【单选】三级公路工程施工总承包企业可以承包的工程包括(　　)。
　　A. 高速公路
　　B. 单跨跨度小于 40m 的桥梁工程施工
　　C. 长度 2000m 的隧道工程
　　D. 各种桥梁

考点 2 二级建造师执业范围【了解】

1.【单选】《注册建造师执业工程规模标准(试行)》规定,桥梁工程注册建造师执业时,大型桥梁工程单跨应(　　)。
　　A. 不小于 13m
　　B. 不小于 30m
　　C. 不小于 50m
　　D. 13～45m 之间

2.【单选】二级注册建造师担任中小型工程项目负责人。不同工程类别所要求的注册建造师执业资格不同时,以(　　)执行。
　　A. 较低资格　　　　　　　　　　　B. 平等资格

C. 较高资格　　　　　　　　　　D. 高一级资格

考点 3　施工项目管理机构【了解】

1. 【多选】公路工程施工项目经理部的组织结构模式包括（　　）。
   A. 直线式　　　　　　　　　　B. 职能式
   C. 直线职能式　　　　　　　　D. 联合组建式
   E. 矩阵式

2. 【多选】公路工程施工项目经理部的组织结构模式中，目前主要采用的有（　　）。
   A. 直线式　　　　　　　　　　B. 职能式
   C. 直线职能式　　　　　　　　D. 矩阵式
   E. 行列式

3. 【单选】项目经理部是代表施工企业履行工程承包合同的主体，是最终产品质量责任的承担者，要代表企业对（　　）全面负责。
   A. 监理单位　　　　　　　　　B. 业主
   C. 总承包单位　　　　　　　　D. 交通运输主管部门

考点 4　施工组织设计【重要】

1. 【单选】公路工程项目施工组织设计中的工程概况不包括（　　）。
   A. 施工企业　　　　　　　　　B. 工程性质
   C. 工程位置　　　　　　　　　D. 地形地貌

2. 【多选】下列计划中，属于资源需求计划的有（　　）。
   A. 劳动力需求计划　　　　　　B. 施工进度计划
   C. 材料需求计划　　　　　　　D. 施工机械设备需求计划
   E. 资金需求计划

3. 【多选】施工方案中，资源利用的优化主要包括（　　）的优化。
   A. 施工方法　　　　　　　　　B. 物资采购与供应计划
   C. 劳动组织　　　　　　　　　D. 机械需要计划
   E. 施工顺序

4. 【多选】施工方案的编制内容包括（　　）。
   A. 工程概况　　　　　　　　　B. 编制依据
   C. 总体部署　　　　　　　　　D. 施工计划
   E. 劳动力计划

第九章 施工招标投标与合同管理

■ 知识脉络

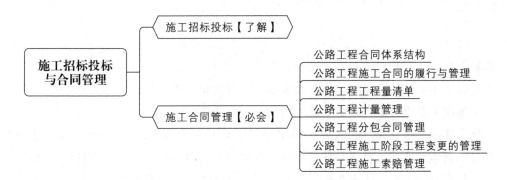

考点 1 施工招标投标【了解】

1. 【单选】下列关于开标的说法中,错误的是（　　）。
   A. 开标应当在招标文件确定的提交投标文件截止时间的同一时间公开进行
   B. 开标地点应当为招标文件中预先确定的地点
   C. 开标由投标人代表主持
   D. 未参加开标的投标人,视为对开标过程无异议

2. 【单选】在《公路工程建设项目招标投标管理办法》中,通过第一信封商务文件和技术文件评审的投标人少于（　　）个的,评标委员会可以否决全部投标。
   A. 2　　　　　　　B. 3　　　　　　　C. 4　　　　　　　D. 5

3. 【单选】公路工程招投标过程中,招标人和中标人应当自中标通知书发出之日起（　　）日内订立书面合同。
   A. 15　　　　　　　　　　　　　　　B. 30
   C. 14　　　　　　　　　　　　　　　D. 28

4. 【多选】《中华人民共和国招标投标法实施条例》规定,禁止投标人相互串通投标,禁止招标人与投标人串通投标。下列属于投标人相互串通投标情形的有（　　）。
   A. 投标人之间协商投标报价等投标文件的实质性内容
   B. 投标人之间约定中标人
   C. 招标人暗示投标人压低或者抬高投标报价
   D. 投标人之间约定部分投标人放弃投标或者中标
   E. 属于同一集团、协会、商会等组织成员的投标人按照该组织要求协同投标

考点 2 施工合同管理【必会】

1. 【单选】公路工程合同体系中的核心合同是（　　）。
   A. 勘察合同　　　　　　　　　　　　B. 设计合同

C. 施工合同 D. 供货合同

2. 【单选】根据《公路工程标准施工招标文件》(2018 年版)，合同文件有：①中标通知书；②合同协议书；③已标价工程量清单；④项目专用合同条款。解释合同文件的优先顺序是（　　）。
   A. ①③②④ B. ④②③①
   C. ②①④③ D. ③②①④

3. 【单选】公路工程工程量清单的数量是（　　）。
   A. 实际数量 B. 支付数量
   C. 计量数量 D. 预算数量

4. 【单选】下列关于工程量清单的说法中，错误的是（　　）。
   A. 我国的公路工程项目招标，一般均由招标单位提供工程量清单
   B. 工程量清单中所列工程数量是最终结算与支付的依据
   C. 工程量清单包括前言（或说明）、工程子目、计日工明细表和工程量清单汇总表四部分
   D. 当图纸与工程量清单所列数量不一致时，以工程量清单所列数量作为报价的依据

5. 【单选】只有经（　　）审查批准的工程项目，才予以支付工程款项。
   A. 总监理工程师 B. 监理工程师
   C. 项目经理 D. 计量工程师

6. 【多选】关于工程量计量原则的表述，正确的有（　　）。
   A. 所有工程项目，除个别注明者外，均采用我国法定的计量单位
   B. 承包人的计量工作可在监理工程师不在场情况下进行
   C. 工程量计算的副本由承包人保存
   D. 除监理工程师另有批准外，凡超过图纸所示的面积或体积，都不予计量与支付
   E. 水泥混凝土的施工现场可以使用电子计量设备称重

7. 【单选】发包人与分包人没有合同关系，但发包人作为工程项目的投资方和施工合同的当事人，对分包合同的管理主要表现为（　　）。
   A. 对分包工程的审查
   B. 对分包工程的批准
   C. 对分包人资质的批准
   D. 对分包人资质的审查

8. 【单选】下列关于分包工程管理的说法中，错误的是（　　）。
   A. 监理人一般不能直接向分包人下达变更指令，必须通过承包人
   B. 分包人不能直接向监理人提出分包工程的变更要求，也必须由承包人提出
   C. 若非分包商原因造成分包商的损失，分包商有权向监理工程师提出索赔要求
   D. 对于由承包人的原因或责任引起分包人提出索赔，监理人不参与该索赔的处理

9. 【单选】关于重要工程的变更程序，说法正确的是（　　）。
   A. 重要工程变更是指对工程造价影响较大，但是不需要业主批准的工作
   B. 监理工程师可以直接下达工程指令
   C. 如果超过业主批准的总额，监理工程师应在下达工程变更令之前请求业主做进一步的批准或授权

D. 对这些工程变更工作，业主在审批工程变更之前应事先取得国家计划主管部门的批准

10. 【单选】承包人应在收到变更指示或变更意向书后的（　　）d 内，向监理工程师提交变更报价书。

   A. 14
   B. 15
   C. 20
   D. 28

11. 【单选】路基施工期间，有块办理过征地手续的农田因补偿问题发生纠纷，导致施工无法进行，为此延误工期 20d，施工单位提出工期和费用索赔。关于施工单位索赔的说法，正确的是（　　）。

   A. 索赔不成立
   B. 可以索赔工期
   C. 可以索赔费用
   D. 可以索赔工期和费用

第十章 施工进度管理

知识脉络

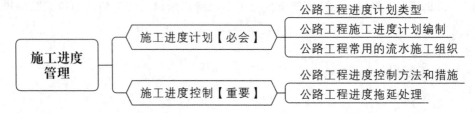

考点 1　施工进度计划【必会】

1.【多选】公路工程进度计划的主要形式有（　　）。
　　A. 横道图　　　　　　　　　　　　B. 散点图
　　C. 斜率图　　　　　　　　　　　　D. "S" 曲线图
　　E. 网络图

2.【单选】下列公路工程进度计划的主要形式中，以时间为纵轴的是（　　）。
　　A. 横道图　　　　　　　　　　　　B. "S" 曲线图
　　C. 垂直图　　　　　　　　　　　　D. 斜率图

3.【单选】（　　）很适合表示公路、隧道等线形工程的总体施工进度。
　　A. "S" 曲线图　　　　　　　　　　B. 横道图
　　C. 垂直图　　　　　　　　　　　　D. 斜率图

4.【多选】公路施工过程基本组织方法有（　　）。
　　A. 顺序作业法　　　　　　　　　　B. 排序作业法
　　C. 平行作业法　　　　　　　　　　D. 垂直作业法
　　E. 流水作业法

5.【单选】顺序作业法（又称依次作业法）的主要特点不包括（　　）。
　　A. 没有充分利用工作面进行施工
　　B. 施工现场的组织、管理比较简单
　　C. 专业化作业队能够连续作业
　　D. 有利于资源供应的组织工作

6.【单选】公路工程常用的流水参数中，属于时间参数的是（　　）。
　　A. 流水强度　　　　　　　　　　　B. 工作面
　　C. 技术间歇　　　　　　　　　　　D. 施工段

7.【单选】下列流水施工参数，属于空间参数的是（　　）。
　　A. 组织间歇
　　B. 流水强度

C. 工作面

D. 施工过程数

8. 【单选】路面工程施工中，相邻结构层之间的速度决定了相邻结构层之间的搭接类型，前道工序的速度快于后道工序时选用（　　）搭接类型。

   A. 开始到开始
   B. 开始到完成
   C. 完成到开始
   D. 完成到完成

考点 2　施工进度控制【重要】

1. 【多选】某一非关键工作（工序）的持续时间为5d，它的总时差为4d、自由时差为2d，在进度检查时发现拖延了7d。下列说法正确的有（　　）。

   A. 该工程的工期将拖延2d
   B. 该工程的工期将拖延3d
   C. 该工序已经转变为关键工序，而且关键线路至少增加一条
   D. 如果该工序拖延2d对后续工序无影响，对总工期也无影响
   E. 由于上述拖延是发生在非关键工作中，即使是业主原因，也不批准工期延长的申请

2. 【多选】公路工程进度计划的检查结果可以通过（　　）体现和分析。

   A. 横道图比较法
   B. 控制图法
   C. 网络计划图
   D. "S"曲线比较法
   E. "香蕉"曲线比较法

3. 【单选】前锋线比较法主要适用于（　　）的进度计划检查。

   A. 时标网络图
   B. "S"曲线
   C. 横道图
   D. "香蕉"曲线

4. 【多选】对于非承包人责任的拖延所引起的工期拖延，一般应给予承包竣工时间的顺延，工期的顺延应符合的条件有（　　）。

   A. 非承包人原因
   B. 承包人的责任
   C. 符合合同规定的手续
   D. 拖延的事件应发生在关键线路上
   E. 延误的事件是非关键工作且延误超过其总时差

第十一章 施工质量管理

知识脉络

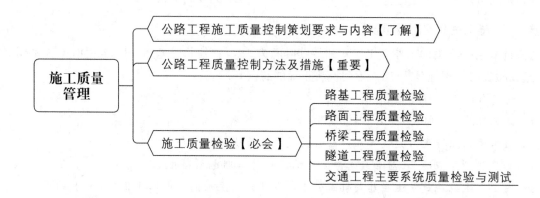

考点 1　公路工程施工质量控制策划要求与内容【了解】

【单选】工程项目中标后，（　　）组织相关业务部门，对项目质量管理体系进行策划。
A. 项目经理
B. 项目主要负责人
C. 项目技术负责人
D. 项目质量负责人

考点 2　公路工程质量控制方法及措施【重要】

1. 【多选】下列属于公路工程施工现场质量检查控制方法的有（　　）。
A. 测量　　　　　B. 观察　　　　　C. 审核　　　　　D. 分析
E. 记录

2. 【多选】现场质量检查控制包括（　　）。
A. 开工前检查
B. 工序交接检查
C. 隐蔽工程检查
D. 停工后复工前的检查
E. 竣工验收检查

3. 【多选】下列选项中，可用于测定路基土方最佳含水率的试验方法有（　　）。
A. 灌砂法
B. 环刀法
C. 振动台法
D. 重型击实试验
E. 表面振动击实仪法

4. 【单选】路基土在工地测得干密度为 $1.63 g/cm^3$，湿密度为 $1.82 g/cm^3$，而在实验室测得最大干密度为 $1.66 g/cm^3$，则路基土压实度为（　　）。
A. 91.21%
B. 98.19%
C. 100%
D. 109.64%

5. 【单选】沥青混凝土路面施工质量控制关键点不包含（　　）。
A. 沥青材料的检查与试验

B. 沥青混凝土的拌和、运输及摊铺温度控制

C. 沥青混凝土施工机械设备配置与压实方案

D. 沥青混凝土摊铺厚度及水胶比的控制

6.【单选】先简支后连续梁施工过程中,主要应注意控制( )。

A. 支架沉降

B. 卸架工艺

C. 临时支座安装与拆除控制

D. 边跨及跨中合龙段混凝土的裂缝控制

考点 3 施工质量检验【必会】

1.【单选】对结构安全、耐久性和主要使用功能起决定性作用的检查项目为关键项目,除机电工程外,关键项目的合格率不得低于( );有规定极值的检查项目,任一单个检测值不应突破规定极值,否则该检查项目为不合格。

A. 100% B. 95%

C. 90% D. 85%

2.【多选】属于路基质量检验中土方路基实测项目的有( )。

A. 压实度 B. 弯沉值

C. 宽度 D. 土的强度

E. 平整度

3.【单选】下列不属于路基质量检验中填石路基实测项目的是( )。

A. 压实 B. 弯沉值

C. 顶面高程 D. 平整度

4.【单选】下列浆砌挡土墙实测项目中,属于关键项目的是( )。

A. 砂浆强度 B. 平面位置

C. 顶面高程 D. 表面平整度

5.【多选】下列选项中,属于水泥混凝土面层实测项目的有( )。

A. 平整度 B. 板厚度

C. 路面宽度 D. 纵断高程

E. 弯沉值

6.【多选】沥青路面检测中,除平整度、纵断高程、厚度外,还应检测( )。

A. 宽度 B. 横坡

C. 弯沉值 D. 含水量

E. 压实度

7.【多选】桥梁总体质量检验的项目有( )。

A. 桥梁净空 B. 桥面中线偏位

C. 桥梁纵坡控制 D. 桥宽和桥长

E. 桥面高程

8.【多选】下列选项中,属于悬臂浇筑梁的实测项目的有( )。

A. 混凝土强度 B. 轴线偏位

C. 断面高程 D. 顶面横坡
E. 平整度

9. 【单选】预应力筋的加工和张拉采用后张法时,质量检验的实测项目不包括（　　）。
   A. 张拉应力值 B. 张拉伸长率
   C. 断丝滑丝数 D. 压浆强度

10. 【多选】隧道总体质量检验的实测项目包括（　　）。
    A. 车行道宽度 B. 内轮廓宽度
    C. 喷层厚度 D. 隧道偏位
    E. 内轮廓高度

第十二章　施工成本管理

知识脉络

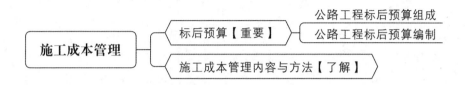

考点 1　标后预算【重要】

1. 【多选】从项目管理的角度出发，标后预算的总费用可以划分为（　　）。
   A. 上缴企业费用　　　　　　　　B. 项目预算总成本
   C. 规费　　　　　　　　　　　　D. 税金
   E. 直接成本费

2. 【单选】（　　）是成本管理中编制成本计划的依据。
   A. 项目预算（直接）成本
   B. 计划预算（直接）成本
   C. 实际预算（直接）成本
   D. 责任目标成本

3. 【多选】材料预算价的组成包括（　　）。
   A. 材料原价　　　　　　　　　　B. 材料运杂费
   C. 场内、外运输损耗　　　　　　D. 采购及仓库保管费
   E. 场内操作损耗

4. 【多选】编制公路项目标后预算，应引入专项费用的有（　　）。
   A. 场地平整费　　　　　　　　　B. 临时工作便道清理费
   C. 指挥车辆使用费　　　　　　　D. 施工安全风险评估费
   E. 工地试验室建设费

考点 2　施工成本管理内容与方法【了解】

1. 【单选】施工计划成本偏差正值表示（　　）。
   A. 进度超前　　　　　　　　　　B. 计划预控不到位
   C. 进度拖延　　　　　　　　　　D. 计划预控到位

2. 【多选】公路施工项目成本控制的方法很多，根据项目经理部制定的目标成本控制成本支出，可采用的方法有（　　）。
   A. 人工费的控制
   B. 材料费的控制
   C. 二次搬运费的控制

D. 施工机械使用费的控制

E. 现场管理费的控制

3. 【单选】下列选项中，不属于路线工程成本核算对象划分的是（   ）。

   A. 道路 B. 桥涵

   C. 隧道 D. 临时工程

第十三章　施工安全管理

知识脉络

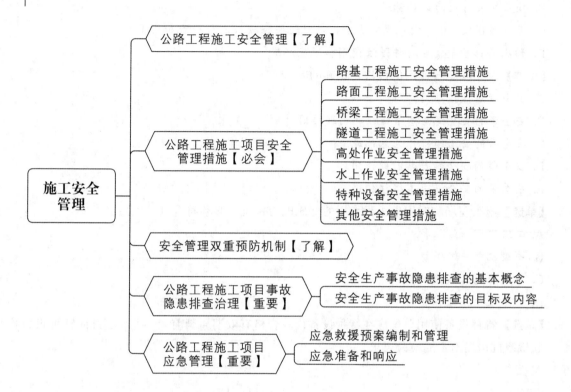

考点 1　公路工程施工安全管理【了解】

【多选】事故隐患排查治理情况应当如实记录，向从业人员通报时可采用的方式有（　　）。
A. 发全员信息
B. 职工大会
C. 职工代表大会
D. 广播
E. 信息公示栏

考点 2　公路工程施工项目安全管理措施【必会】

1. 【单选】下列路基土石方施工安全要求，错误的是（　　）。
   A. 取土场底部应平顺并设有排水设施，周围应设置警示标志和安全防护设施
   B. 地面横坡陡于1∶10时，取土坑应设在路堤上侧
   C. 取土坑与路基坡脚表面应设1‰～2‰向外倾斜的横坡
   D. 土方开挖必须按自下而上顺序放坡进行，严禁挖空底脚
2. 【单选】关于沥青路面施工安全要求的说法，错误的是（　　）。
   A. 洒布车行驶中不得使用加热系统

B. 拌合站应配备消防设施

C. 不得在石料溢流管、升起的料斗下方站立或通行

D. 沥青罐内检查应采用明火照明

3. 【单选】下列关于悬臂浇筑施工风险控制措施的说法中，错误的是（　　）。

A. 挂篮加工完成后应先进行试拼

B. 挂篮拼装时应两边对称进行

C. 浇筑墩顶段（0号段）混凝土前，应对托架、模板进行检验和预压

D. 预压的目的是消除杆件弹性变形和地基沉降

4. 【多选】关于安全带使用的说法，正确的有（　　）。

A. 安全带应低挂高用

B. 安全带的安全绳与悬吊绳应共用连接器

C. 安全带的安全绳可作为悬吊绳

D. 安全带的安全绳严禁打结使用

E. 安全带的安全绳上不得挂钩

5. 【单选】施工现场临时用电工程专用的低压电力系统，必须符合（　　）。

A. 二级配电一级保护

B. 一级配电一级保护

C. 三级配电二级保护

D. 三级配电三级保护

6. 【单选】特种设备使用单位应在特种设备检验合格有效期届满前（　　）个月向特种设备检验检测机构提出定期检验要求。

A. 1　　　　　　　　　　　　　　　　B. 2

C. 3　　　　　　　　　　　　　　　　D. 4

7. 【单选】（　　）大风严禁登高作业，塔式起重机、施工电梯等应按规定安装接地保护和避雷装置。

A. 三级及以上　　　　　　　　　　　　B. 四级及以上

C. 五级以上　　　　　　　　　　　　　D. 六级以上

考点 3　安全管理双重预防机制【了解】

【多选】安全风险等级划分为（　　）。

A. 特别重大风险　　　　　　　　　　　B. 重大风险

C. 较大风险　　　　　　　　　　　　　D. 一般风险

E. 低风险

考点 4　公路工程施工项目事故隐患排查治理【重要】

1. 【单选】危害和整改难度较大，应当全部或者局部停产停业，并经过一定时间整改治理方可能排除的隐患是（　　）。

A. 一般事故隐患　　　　　　　　　　　B. 较大事故隐患

C. 重大事故隐患　　　　　　　　　　　D. 特别重大事故隐患

2. 【多选】公路工程施工安全生产隐患排查中的"五项制度"包括（　　）。
   A. 施工现场危险告知制度　　　　B. 施工安全监理制度
   C. 专项施工方案审查制度　　　　D. 人员进场登记制度
   E. 安全生产费用保障制度

3. 【多选】安全生产事故隐患排查的"两项达标"包括（　　）。
   A. 施工人员管理达标
   B. 施工现场安全防护达标
   C. 机械配置达标
   D. 材料检验达标
   E. 方案编制达标

4. 【单选】关于隐患的排查与治理，说法错误的是（　　）。
   A. 重大隐患经施工单位确认后应向监理单位备案
   B. 项目施工单位的主要负责人对隐患排查治理工作全面负责
   C. 项目施工单位应定期组织开展安全生产隐患排查
   D. 项目监理、建设单位应及时主动向具有项目管辖权的交通运输主管部门报告

5. 【单选】重大事故隐患治理方案必须由（　　）组织编制。
   A. 单位负责人　　　　　　　　B. 单位技术负责人
   C. 项目负责人　　　　　　　　D. 专职安全管理人员

考点 5　公路工程施工项目应急管理【重要】

1. 【单选】生产经营单位应急预案编制程序不包括（　　）。
   A. 成立应急预案编制工作组　　B. 应急响应
   C. 应急资源调查　　　　　　　D. 桌面推演

2. 【单选】关于应急预案评审的说法，错误的是（　　）。
   A. 生产经营单位应按法律法规有关规定组织评审或论证
   B. 参加应急预案评审的人员可包括有关安全生产及应急管理方面的、有现场处置经验的专家
   C. 应急预案论证可通过推演的方式开展
   D. 评审表决不通过的，生产经营单位应修改完善后再签发实施

3. 【单选】施工单位应当（　　）进行一次应急预案评估。
   A. 每半年　　　　　　　　　　B. 每年
   C. 每两年　　　　　　　　　　D. 每三年

第十四章 绿色施工及现场环境管理

■ 知识脉络

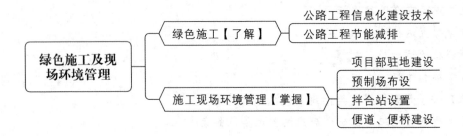

考点 1 绿色施工【了解】

1.【多选】绿色施工是实现"四节一环保"的施工活动,"四节"是指（　　）。
   A. 节能
   B. 节材
   C. 节水
   D. 节电
   E. 节地

2.【多选】下列关于环境保护的措施中,错误的是（　　）。
   A. 施工中需要停水、停电、封路而影响环境时,必须经有关部门批准,事先告示,并设有标志
   B. 确需夜间施工的,在公告附近社区居民后可立即施工
   C. 施工现场泥浆、污水未经处理不得直接排入城市排水设施和河流、湖泊、池塘
   D. 施工现场存放化学品等有毒材料、油料,必须对库房进行防渗漏处理
   E. 经过施工现场的地下管线,应由承包人在施工前通知发包人,标出位置

考点 2 施工现场环境管理【掌握】

1.【单选】关于公路工程施工现场项目部驻地房屋的说法,正确的是（　　）。
   A. 项目部驻地房屋必须自建
   B. 项目部驻地房屋为活动板房时,搭建不宜超过三层
   C. 驻地办公区、生活区可采用电力取暖
   D. 项目部驻地房屋房间净高不低于 2.6m

2.【单选】关于公路工程自建房屋的要求,错误的是（　　）。
   A. 最低标准为活动板房
   B. 建设宜选用阻燃材料
   C. 搭建不宜超过三层
   D. 每组最多不超过 10 栋

3.【单选】下列关于项目部驻地选址的说法中,正确的是（　　）。
   A. 可设在交通条件便利的位置
   B. 可设在独立大桥下
   C. 应设在离集中爆破区 300m 以外
   D. 可设在互通匝道区

4. 【多选】关于预制梁板台座施工的说法，正确的有（　　）。
   A. 先张法施工的张拉台座应采用钢筋混凝土框架式台座
   B. 台座施工时，底模可采用混凝土底模
   C. 存梁区台座混凝土强度等级不低于C20
   D. 台座底模宜采用通长钢板
   E. 设计无规定时，空心板叠层不得超过3层，小箱梁和T形梁堆叠存放不得超过2层

5. 【单选】关于小型构件预制场场地建设，下列说法正确的是（　　）。
   A. 小型构件预制场的占地面积宜小于2000m^2
   B. 布置要符合工厂化生产的要求，道路和排水畅通，场地四周宜设置砖砌排水沟
   C. 每条生产线可以设置振动台，同时配备小型拌合站1座
   D. 成品可以不按规格堆码

6. 【多选】凡用于工程的砂石料应按（　　）分场存放。
   A. 级配要求　　　　　　　　　　B. 不同价格
   C. 不同粒径　　　　　　　　　　D. 不同重量
   E. 不同品种

7. 【多选】在拌合站设置要求中，针对拌合设备的要求，正确的有（　　）。
   A. 混凝土拌合应采用强制式拌合机，单机生产能力不宜低于90m^3/h
   B. 水、外掺剂可采用流量或人工计量方式
   C. 沥青混合料采用间歇式拌合机
   D. 拌合站计量设备应通过当地有关部门标定后方可投入生产
   E. 拌合站应根据拌合机的功率配备相应的备用发电机

8. 【单选】便道建设时，便道路基宽度不小于（　　）m。
   A. 3　　　　　　　　　　　　　B. 4.5
   C. 6　　　　　　　　　　　　　D. 7

9. 【多选】下列符合施工便道技术要求的有（　　）。
   A. 在大型作业区，进出场的便道200m范围应进行硬化，标准为C10混凝土
   B. 便道两侧设置排水系统
   C. 错车道路面宽度不小于5.5m
   D. 便道路基宽度不小于4.5m，路面宽度不小于3.0m
   E. 便道路面最低标准应采用泥结碎石或级配碎石

10. 【单选】便桥的类型有很多，当河窄、水浅时宜选用（　　）
    A. 墩架式梁桥　　　　　　　　　B. 贝雷桥
    C. 浮桥　　　　　　　　　　　　D. 索桥

第十五章 施工技术与设备管理

■ 知识脉络

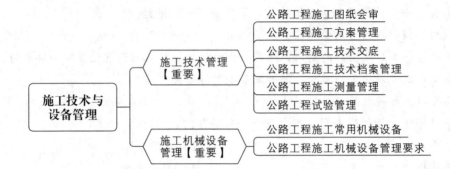

考点 1 施工技术管理【重要】

1. 【多选】图纸会审的主要内容有（　　）。
   A. 结合现场调查情况，核算主要工程数量
   B. 核算工程主要结构的受力条件及主要设计数据
   C. 核查设计对施工条件、施工方法的考虑及要求
   D. 核对图纸数量是否齐全
   E. 施工说明是否清楚准确并符合现行地方标准

2. 【单选】对于重大施工方案，应由（　　）。
   A. 项目经理组织编制，施工单位技术管理部门组织审核
   B. 项目技术负责人组织编制，项目经理组织审核
   C. 项目总工程师组织编制，施工单位技术管理部门组织审核
   D. 施工单位技术管理部门组织编制，总监理工程师组织审核

3. 【单选】超过一定规模的危险性较大的分部分项工程专项方案应当组织召开专家论证会。实行施工总承包的，由（　　）组织召开专家论证会。
   A. 建设单位　　　　　　　　　　　B. 设计单位
   C. 施工总承包单位　　　　　　　　D. 监理单位

4. 【单选】施工技术交底通常分为三级进行，属于第三级交底的是（　　）。
   A. 项目总工程师向项目各部门负责人及全体技术人员进行交底
   B. 项目技术部门负责人或各分部分项主管工程师向现场技术人员和班组长进行交底
   C. 现场技术员负责向班组全体作业人员进行技术交底
   D. 班组长向班组全体作业人员进行技术交底

5. 【多选】下列符合技术档案编制要求的有（　　）。
   A. 工程施工资料一般按工程项目分类

B. 工程资料应字迹清楚，图样清晰，图表整洁
C. 工程资料中文字材料幅面尺寸规格宜为 A3 幅面
D. 利用施工图改竣工图，必须标明变更修改的依据
E. 凡施工图结构、工艺、平面布置等有重大改变，或变更部分超过图面1/3的，应当重新绘制竣工图

6.【多选】施工阶段的测量工作包括（　　）。
  A. 施工控制网建立　　　　　　　　B. 工序检查测量
  C. 沉降位移变形观测　　　　　　　D. 施工放样测量
  E. 地形地貌复核测量

7.【多选】公路工程项目试验管理有（　　）。
  A. 工地试验室等级管理
  B. 工地试验室设备管理
  C. 工地试验外委管理
  D. 工地试验室档案管理
  E. 工地试验样品管理

8.【单选】关于工地试验外委管理的说法，不正确的是（　　）。
  A. 外委试验应向项目建设单位报备
  B. 外委试验取样、送样过程应进行见证
  C. 接受外委试验的检测机构上年度信用等级为 B 级及以上
  D. 同一合同段中各方外委试验应委托给同一家检测机构

考点 2　施工机械设备管理【重要】

1.【单选】下列可以同时用于土方开挖、石方开挖、土石填筑和路基整型工程的机械是（　　）。
  A. 平地机　　　　　　　　　　　　B. 铲运机
  C. 挖掘机　　　　　　　　　　　　D. 推土机

2.【多选】平地机是一种（　　）同时进行的连续作业机械。
  A. 铲土　　　　　　　　　　　　　B. 装土
  C. 运土　　　　　　　　　　　　　D. 卸土
  E. 平整

3.【单选】按我国目前规范要求，高等级公路沥青路面建设应使用（　　）设备。
  A. 强制间歇式搅拌　　　　　　　　B. 强制连续式搅拌
  C. 间歇滚筒式搅拌　　　　　　　　D. 连续滚筒式搅拌

4.【单选】关于沥青混凝土搅拌设备的说法，错误的是（　　）。
  A. 沥青混凝土搅拌设备分间歇式和连续滚筒式
  B. 自落式的搅拌机是搅拌机的搅拌叶强制将物料拌合均匀
  C. 强制间歇式搅拌设备是冷矿料的烘干、加热与热沥青的拌和，先后在不同的设备中进行
  D. 连续滚筒式搅拌设备是冷矿料的烘干、加热与热沥青的拌和在同一滚筒内连续进行

5.【多选】沥青混凝土摊铺机按行走方式可分为（　　）。
   A. 自行式　　　　　　　　　　　　B. 履带式
   C. 轮胎式　　　　　　　　　　　　D. 复合式
   E. 拖式

6.【单选】在桥梁基础施工机械的钻孔设备中，适用于除岩层、卵石、漂石外的各种土质地质条件，尤其在市政桥梁及场地受限的工程中使用的是（　　）。
   A. 全套管钻机　　　　　　　　　　B. 旋转钻机
   C. 螺旋钻机　　　　　　　　　　　D. 液压旋挖钻孔机

7.【多选】预应力张拉设备的能力主要由（　　）决定。
   A. 千斤顶的吨位　　　　　　　　　B. 预应力筋的强度
   C. 预应力筋的长度　　　　　　　　D. 锚具强度
   E. 夹具强度

8.【多选】喷锚机械主要有（　　）等。
   A. 锚杆台车　　　　　　　　　　　B. 掘进机
   C. 吊车　　　　　　　　　　　　　D. 混凝土搅拌车
   E. 混凝土喷射机

9.【多选】下列各项中，属于施工机械选择的一般原则的有（　　）。
   A. 适应性　　　　　　　　　　　　B. 通用性
   C. 高效性　　　　　　　　　　　　D. 专用性
   E. 经济性

10.【多选】下列机械设备中，可用于石方开挖工程的设备有（　　）。
   A. 移动式空气压缩机　　　　　　　B. 挖掘机
   C. 羊足压路机　　　　　　　　　　D. 铲运机
   E. 洒水车

11.【单选】下列不属于隧道二次衬砌的施工机械设备是（　　）。
   A. 锚杆台车　　　　　　　　　　　B. 混凝土搅拌站
   C. 搅拌运输车　　　　　　　　　　D. 混凝土输送泵

12.【多选】根据机械来源的不同，必须经过不同的检验和试验，一般检验的方法和步骤可分为（　　）。
   A. 外部检验　　　　　　　　　　　B. 业主检验
   C. 空运转试验　　　　　　　　　　D. 监理检验
   E. 重载试验

13.【多选】机械设备档案主要包括的内容有（　　）。
   A. 设备的名称、类别、数量、统一编号
   B. 设备生产厂家
   C. 产品合格证及生产许可证（复印件及其他证明材料）
   D. 使用说明书等技术资料
   E. 各设备操作人员资格证明材料

PART 4

第四篇
案例专题模块

学习计划：

读书破万卷，下笔如有神

模块一 路基工程

案例一

【背景资料】

某施工单位承接了某高速公路路基施工,交通等级为重交通,起止桩号为 K32+880～K38+950,长 6.07km。整体式路基宽度为 24.50m,双向四车道。

施工区内多为岩性山体,路基回填材料采用山体爆破石渣,填料石料的成分主要是块石、片石、碎石、少量风化石及土的混合料,开采出的碎块石中土的含量在 15%～20% 之间,石料的强度为 65MPa 左右。为确保路堤施工满足质量要求,施工单位进行现场回填试验,确定相关参数以指导后续路基填筑工程施工。

施工中发生了如下事件:

事件一:根据不同的填筑层位,施工单位提出了填料的不同要求。路堤填筑示意图见图 1-1。

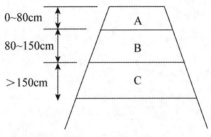

图 1-1 路堤填筑示意图

(1) A 区域填料粒径应不大于 100mm。
(2) B 区域填料粒径应不大于 150mm。
(3) C 区域填料粒径应不大于 500mm,并不超过层厚的 1/3。

事件二:填石路基施工段一般每 2km 划分为一个单元,机械设备便于统一管理调配,利用效率较高。施工单位进场的机械设备组合见表 1-1。

表 1-1 施工单位进场的机械设备组合

名称	数量/台	名称	数量/台
推土机(T140-1)	1	推土机(T160-1)	1
装载机(Z150A)	1	挖掘机(PC320)	4
轮胎式压路机(YZ18J)	1	振动压路机(YZ18JD)	1
自卸汽车(8T)	30		

事件三:施工过程中,首先在压实后的路堤上沿着纵向布点,在布好的点位上,用油漆做醒目的标记,用水准仪测量高程。为减少误差,用振动压路机做碾压检测(碾压参数:2.0～4.0km/h,频率 30Hz,碾压 2 遍),碾压后应无明显轮迹,然后再用水准仪测定各点高程,计算各测点在碾压前后的高差。

【问题】
1. 该路段是否属于填石路堤？说明理由。
2. 逐条判断事件一中填料要求是否正确，如不正确请改正。
3. 指出事件二中推土机与轮胎式压路机在填石路堤施工中的作用。
4. 写出事件三中计算的高差的专业名称及其作用。

案例二

【背景资料】

某公路路线长10km,路基填方平均高度为13m,其中K3+300～K3+600软土地基约300m,填土高度平均4.5m,位于冲积平原,地层厚度均匀,层位稳定,地层主要由第四系新近沉积的淤泥质土和第四系下更新统的灰、杂色黏土和砂层构成。其层次由上至下分别为黏土(硬壳层)、淤泥质粉质黏土、粉质黏土、黏土。

该项目采用袋装砂井辅以砂垫层方法处理软基,示意图见图1-2。

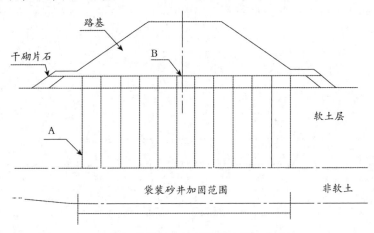

图1-2 袋装砂井加固软土路基示意图

施工工艺流程为:整平原地面→铺设下层砂垫层→设备定位→打入套管→沉入砂袋→埋砂袋头→拔出套管→设备移位→铺筑上层砂垫层。

砂井井径、间距及布置经多次固结计算确定,砂井直径为7cm,间距为1.2m,按梅花形排列,砂垫层厚度60cm,保证高出地表水位20cm。

项目部选用了渗透系数不小于砂的聚丙烯编织砂袋,具有良好的透水、透气性,一定的耐腐蚀、抗老化性能,其抗拉强度能保证承受砂袋自重和弯曲所产生的拉力,砂必须采用大于0.5mm的颗粒,占总质量的50%以下,含泥量不大于3%、渗水率较高的细砂。

施工中,套管拔出检查了砂袋的外露长度,砂袋入土深度是否满足要求,共发现有5个砂袋被带出,带出长度为1m左右。

K6+200～K6+350段位于粉砂土质,含水量大,地下水位高,采用孔深10～12m、间距60cm、梅花形摆排的CFG桩,施工完毕后经检查,质量合格。

【问题】

1. 改正施工工艺流程。
2. 改正项目部材料选择中的错误。
3. 对5个被带出的砂袋应如何处理?
4. 请写出袋装砂井和CFG桩施工中应配置的主要机械设备。指出图1-2中构筑物A、B的名称。
5. CFG桩施工前,应做什么试验?

案例三

【背景资料】

某施工单位，承包了三级公路一合同段路基施工。其中，K12+000~K12+300段为填方路基，填料采用粉质黏土（细粒土），路段地面纵坡2%左右，填方高度约4m。填料采用挖掘机配合自卸汽车运输，推土机、平地机进行摊铺，分层填筑，振动压路机碾压。按"四区段、八流程"作业法组织各项作业均衡进行，合理安排施工顺序、工序进度和关键工序的作业循环，做到挖、装、运、卸、压实等工序紧密衔接、连续作业。

针对当地气候条件，施工组织设计中包含的1~2月份路基施工措施有：

(1) 填筑路堤，应按横断面全宽平填，当天填筑的土必须当天完成碾压。

(2) 当路堤顶面施工至距上路床底面1m时，应碾压密实后停止填筑。

(3) 填挖方交界处，不应在1~2月份施工。

路基填至规定高度压实后，施工单位技术人员采用灌砂法测定现场密度，测试的6个测点的干密度见表1-2，在室内击实试验的最大干密度为$1.97t/m^3$，要求压实度为94%。

表1-2 现场干密度记录表

测点	①	②	③	④	⑤	⑥
里程	K12+050	K12+100	K12+150	K12+200	K12+250	K12+300
干密度/（t/m³）	1.87	1.96	1.94	1.93	1.89	1.85

【问题】

1. 逐条判断1~2月份施工措施是否正确，并改正错误。
2. 计算6个测点的压实度。（计算结果保留一位小数）
3. 对K12+000~K12+300段路基填筑宜采用什么方法？
4. 对K12+000~K12+300段路基的压实度检测，还可以采用什么方法？

案例四

【背景资料】

某施工单位承接了某高速公路路基 H 合同段工程施工,该区段设计车速 100km/h,平均挖深 19m,路基宽度 26m,其中 K20+100~K20+230 段为土质路堑,K20+300~K20+520 段为石质路堑。施工单位采用图 1-3 所示的工艺流程组织土质路堑的施工,于 4 月完成该路段边坡施工。

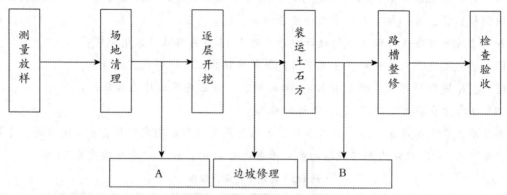

图 1-3 土质路堑施工流程图

在进行土质路堑机械开挖时,施工单位利用推土机、挖掘机、凿岩机、钻孔机、平地机等机械进行土方开挖作业。

石质路堑区段岩石为石质系硅质灰岩,岩石较坚硬,多为厚层构造,局部呈薄层状构造,裂隙发育。要求路堑采用钻爆开挖,爆破石渣最大允许直径为 30cm,对开挖石渣尽可能提高利用率。

施工单位编制的爆破设计方案如下:

(1) 边坡采用预裂爆破,路基主体尽量采用深孔爆破,局部采用浅孔爆破、烘膛炮等方法。

(2) 装药时分单层、分层装药,预裂装药及洞室内集中装药。炮眼装药后用铁杆捣实,填塞砂土,洞室装药时,将预先加好的起爆体放在药包中心位置,周围填以硝酸安全炸药,用砂黏土填塞。

(3) 边坡预裂爆破孔间距为 1m,采用"方格形"布置,按边坡坡度控制炮杆位置,路基主体内炮孔间距为 4m,采用"梅花形"均匀布置。

【问题】

1. 指出图 1-3 中 A、B 分别代表的施工过程。
2. 施工单位在进行土质路堑开挖时所用的机械是否正确?
3. 指出并改正爆破设计方案中的错误之处。
4. 浅孔爆破是一种常见的爆破方法,请介绍它的优缺点。

案例五

【背景资料】

某施工单位承建了一段路基工程。施工作业中,土质挖方路段采用挖掘机直接装车,辅以推土机配合装载机装车;石方开挖根据岩石的类别、风化程度和发育程度等因素确定开挖方式。对于软石和强风化岩石,能采用机械直接开挖的采用机械开挖,不能采用机械直接开挖的采用爆破法施工。石方爆破施工工艺框图见图1-4。

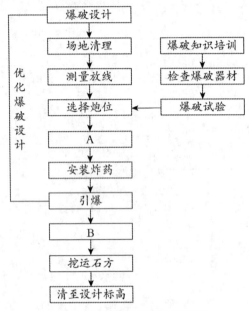

图1-4 石方爆破施工工艺框图

在实施K5+560处挖方时,根据石方的集中程度、地质、地形条件,结合各种爆破方法的使用特性,因地制宜,综合配套使用了多种爆破方法,主要包括浅孔爆破、深孔爆破和猫洞炮。沿开挖边界布置密集炮孔,采取不耦合装药或装填低威力炸药,在主爆区之后起爆,使之形成平整的轮廓面。在K6+800滑坡附近开挖中,由于岩层坚硬,施工单位采用小型浅孔爆破,最终还是引发了滑坡,导致1人死亡,3人重伤的安全事故。

【问题】

1. 针对路基施工,补充施工单位还应配置的主要机械设备。
2. 写出施工工艺框图中A工序与B工序的名称。
3. 施工单位在开挖限界的周边所采用的爆破方法是什么?
4. 为防止滑坡发生,该处应采用什么施工方法?
5. 根据《生产安全事故报告和调查处理条例》,指出该起事故的等级,并说明理由。

模块二 路面工程

案例一

【背景资料】

某施工单位承接了长 45.6km 的二级公路的路基和路面施工,路面结构见图 2-1。

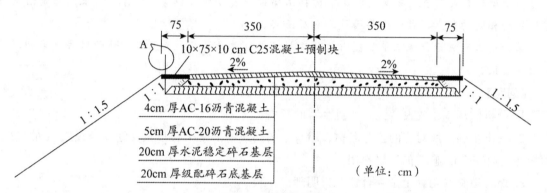

图 2-1 路面结构图

施工单位进场后,在图纸会审的初审阶段,发现 AC-20 沥青混凝土与基层之间没有设计任何过渡层,为加强面层与基层的联结作用,提出在 AC-20 沥青混凝土与基层之间增设 0.5cm 厚稀浆封层的变更申请,并按合同约定组价得到新增项目的单价为 5.8 元/m²。经正常审批后,设计单位认为该变更属于设计疏漏引起,同意增设,设计单位出具了"变更设计图"。监理单位审核后签发了"工程变更令",审批后的单价为 5.25 元/m²。施工单位根据变更设计图组织施工。

其中,K8+200~K8+320 段为沿河路基,设计为浆砌块石路肩挡土墙(见图 2-2)。施工单位选择在枯水季节施工,挡土墙施工前全面做好排水系统,施工工艺见图 2-3。

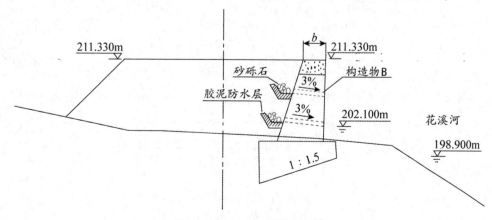

图 2-2 K8+260 断面示意图

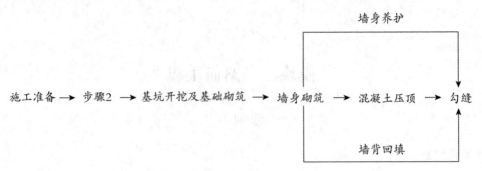

图 2-3 施工工艺图

在基坑挖到设计高程后,经检验基底承载力等各项指标满足要求,开始进行基础砌筑。基础施工完后,立即进行基坑回填。基础圬工强度达到要求后,进行墙身砌筑。

挡土墙砌筑与路基回填交替施工,对挡土墙按高度分阶段验收。墙背填料采用与前后路段路堤填料相同的黏土,做到逐层填筑,逐层压实。

路面施工完成后,施工单位提出对稀浆封层进行单独计量,并呈送了计量报告,监理单位给予了签认。

【问题】

1. 分析监理单位签发"工程变更令"的理由。
2. 写出步骤2所对应的工艺名称、墙身中的构筑物B的名称以及交通安全设施A的名称,并简述交通安全设施A的主要作用。
3. 墙背填料采用黏土是否合适?说明理由。
4. 计算施工单位对稀浆封层申请计量的金额。

案例二

【背景资料】

某施工单位承接了某一级公路 M 合同段路面施工任务，起点桩号 K16+000，终点桩号 K37+300。路面面层为 26cm 厚 C30 水泥混凝土，采用滑模机械摊铺施工。施工单位根据施工现场的具体条件，通过方案比较后绘制了施工平面布置示意图，见图 2-4。

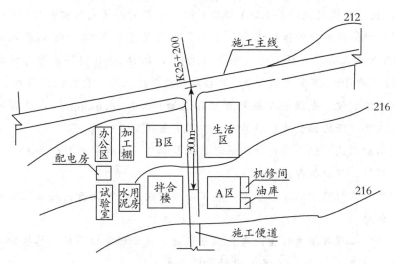

图 2-4 施工平面布置示意图

施工单位对运送至现场的混凝土进行取样，做水泥混凝土抗压强度试验。

由于路面较宽，面层在纵向分两次铺筑，施工单位按要求设置纵向施工缝，施工缝采用平缝加拉杆型。

【问题】

1. 列式计算水泥混凝土拌合料的平均运距。（单位以 m 计，计算结果保留一位小数）
2. 写出施工平面布置示意图中 A 区、B 区的名称。
3. 结合该路面施工方法，写出应在何时采用何种手段插入拉杆。
4. 水泥混凝土路面横缝设置中，横缝的种类有哪些？
5. 除水泥混凝土抗压强度试验以外，路面用水泥混凝土还应该进行什么强度试验？并简述其试验步骤。

案例三

【背景资料】

某施工单位承接了某一级公路水泥混凝土路面"白改黑"工程施工,该工程路基宽度为 $2\times12m$,路面宽度为 $2\times10m$,长 45.5km,工期 4 个月。施工内容包括旧路面病害的治理、玻纤格栅铺设、6cm 厚 AC-20 下面层摊铺、5cm 厚 AC-16 中面层摊铺、4cm 厚 SBS 改性沥青 SMA 上面层摊铺。设计中规定上面层 SMA 混合料必须采用耐磨值高的玄武岩碎石。

施工单位采用厂拌法施工。为保证工期,施工单位配置了 2 台 3000 型间歇式沥青混凝土拌合站(假设 SMA 沥青混合料的压实密度为 $2.36t/m^3$,每台 3000 型拌合站每拌制一满盘料的重量为 3000kg),4 台 10m 可变宽摊铺机,8 台双钢轮压路机及 4 台胶轮压路机。

玻纤格栅采用人工铺设:先洒一层热沥青作粘层油($0.4\sim0.6kg/m^2$),然后用固定器将一端固定好,用人工将玻纤格栅拉平、拉紧后,用固定器固定另一端。

施工单位采用马歇尔试验配合比设计法通过三阶段确定了混合料的材料品种、配合比、矿料级配及最佳沥青用量,用以指导施工。

该工程施工期间,原材料价格波动很大,施工合同中约定只对沥青、柴油及玄武岩采用调值公式法进行价差调整。

基期为当年 5 月,工程款按月计量,每月调整价差。该工程投标函投标总报价中,沥青占 35%,柴油占 15%,玄武岩占 20%。各月现行价格见表 2-1。

表 2-1 各月现行价格

月份	沥青/(元/t)	柴油/(元/L)	玄武岩/(元/m^3)
5 月(基期)	3800	5.90	200
7 月	4050	6.13	195
8 月	4280	6.13	215
……	……	……	……

施工单位 7 月份完成工程产值 3156 万元,8 月份完成工程产值 4338 万元。

【问题】

1. 该工程中,铺设玻纤格栅的主要作用是什么?
2. 指出并改正玻纤格栅施工的错误之处。
3. 配合比设计包含了哪三个阶段?
4. 该工程 SMA 沥青混合料最少需要拌制多少盘?(列式计算)
5. 8 月份调价之后的当月工程款是多少万元?(列式计算)

案例四

【背景资料】

某施工单位承担了某三级公路第五合同段的施工任务,该合同段路线长19.2km,采用沥青混凝土面层和水泥稳定基层。

水泥稳定基层施工时,采用路拌法施工;水泥剂量按照设计图中提供的参考用量再增加1%,选用普通硅酸盐散装水泥,其施工工艺见图2-5。

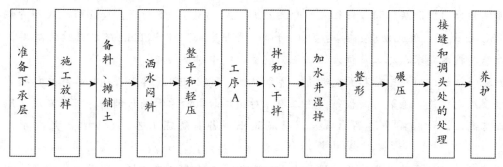

图2-5 路拌法施工工艺图

施工单位在基层施工过程中,发生如下事件:

事件一:碾压完成并经压实度检查合格后,立即开始养护,养护期为48h。

事件二:水泥稳定基层施工时,局部出现了破损裂缝,现场人员未对裂缝做任何处理即准备进入下一道工序,施工技术负责人到达现场后,责令队伍暂停施工,并对破损处进行了处理,然后浇洒了一层沥青,准备铺筑沥青混凝土下面层。

【问题】

1. 指出水泥稳定基层施工时的错误做法并改正。
2. 指出图2-5中工序A的名称。
3. 事件一中的养护时间是否正确?说明理由。
4. 事件二中,铺筑沥青混凝土下面层之前,施工单位浇洒的一层沥青有何作用?可采用哪些沥青进行浇洒?

案例五

【背景资料】

某路桥施工企业中标承包某二级公路的 H 合同段改扩建工程（K3+000～K24+000），项目区软土路基分布不均匀。原有的二级公路 K3+000～K12+000、K18+000～K24+000 路段为沥青混凝土路面，K12+000～K18+000 路段为水泥混凝土路面，沿线城镇化比较严重，过境交通与城市内交通混行，交通量增加引起通行问题，需将其改扩建成一级公路。老路加铺部分路面结构采用上面层：5cm 细粒式沥青混凝土（AC-13C）；下面层：7cm 粗粒式沥青混凝土（AC-25C）；封层：乳化沥青稀浆封层（1cm）；调平基层：16～36cm 厚水泥稳定碎石。根据施工组织和技术要求，施工单位为保证施工质量，提出以下措施：

措施一：施工前对老路路面现况进行详细复核，K12+000～K18+000 路段主要病害为横向裂缝、纵向裂缝、龟裂、断板等。施工单位对出现断板的原因进行调查分析，发现该路段基层顶面标高比设计标高平均高出 5cm，而混凝土制备、浇筑工艺、养护都满足要求，切缝及时。

措施二：旧沥青路面段采用现场热再生法重铺，其主要工艺包括摊铺整形、加热、旧料再生、罩新面工艺。

措施三：场地建设按照标准化施工，满足安全、实用和美观等要求，对自建房屋提出下列要求：

(1) 最低标准为活动板房，建设宜选用阻燃材料，搭建不宜超过两层。
(2) 每组不超过 10 栋，组与组之间的距离不小于 6m。
(3) 栋与栋之间的距离不小于 4m，房间净高不低于 2.5m。
(4) 驻地办公区、生活区采用集中供暖设施，严禁电力取暖。

竣工完成后，竣工验收由批准工程设计文件的地方交通主管部门主持，主要是全面考核建设成果，对建设项目进行综合评价，确定工程质量等级。详细核查了交工验收的工程资料及竣工文件，该工程交工验收工程质量得分为 85，质量监督机构工程质量鉴定得分为 91，竣工验收委员会对工程质量评定得分为 92。

【问题】

1. AC-13C 按照组成结构、矿料级配分类分别属于哪种类型？
2. 措施一中产生病害的主要原因可能是什么？
3. 简述背景资料中旧沥青路面段现场热再生法重铺的施工流程。
4. 逐条判断自建房屋要求是否正确，并改正错误。
5. 计算路面工程竣工验收工程质量评分，并评定其质量等级。

模块三 桥涵工程

案例一

【背景资料】

某特大桥主桥为连续刚构桥,桥跨布置为(75+6×120+75)m。主桥均采用钻孔灌注桩基础,每墩位8根桩,对称布置。其中 $1^\#$、$9^\#$ 墩桩径均为 $\phi1.5m$,其余各墩桩径为 $\phi1.8m$,所有桩长均为72m。

施工中发生如下事件:

事件一:钻孔施工的钻孔及泥浆循环系统示意图见图3-1,其中D为钻头、E为钻杆、F为钻机回转装置,G为输送管,泥浆循环见图3-1中箭头所示方向。

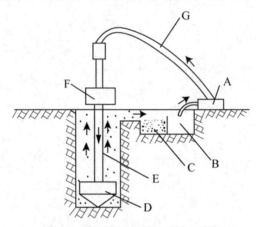

图3-1 钻孔及泥浆循环系统示意图

事件二:$3^\#$ 墩的 $1^\#$ 桩基钻孔及清孔完成后,用测深锤测得孔底至钢护筒顶面距离为74m。水下混凝土灌注采用直径为280mm的钢导管,安放导管时,使导管底口距离孔底30cm,导管总长度为76m。持续灌注3h后,用测深锤测得混凝土顶面至钢筒顶面距离为47.4m,此时已拆除3m导管4节、2m导管5节。

事件三:某桩基施工过程中,施工单位采取了如下做法:

(1) 钻孔过程中,采用空心钢制钻杆。
(2) 水下混凝土灌注前,对导管进行压气试压试验。
(3) 泵送混凝土中掺入泵送剂或减水剂、缓凝剂。
(4) 灌注混凝土过程中注意测量混凝土顶面高程,灌注至桩顶设计标高时即停止施工。

【问题】

1. 写出图中设备或设施A、B、C的名称。
2. 该回旋钻机属于哪种类型?
3. 计算并说明事件二中导管埋置深度是否符合规定?
4. 逐条判断事件三中施工单位的做法是否正确,并改正错误。

案例二

【背景资料】

某公司承建一座桥梁工程。该桥跨越山区季节性流水沟谷，上部结构为三跨式钢筋混凝土结构，重力式U形桥台，基础均采用扩大基础；桥面铺装自下而上为厚8cm钢筋混凝土整平层＋防水层＋粘层＋厚7cm沥青混凝土面层；桥面设计高程为99.630m。桥梁立面布置见图3-2。

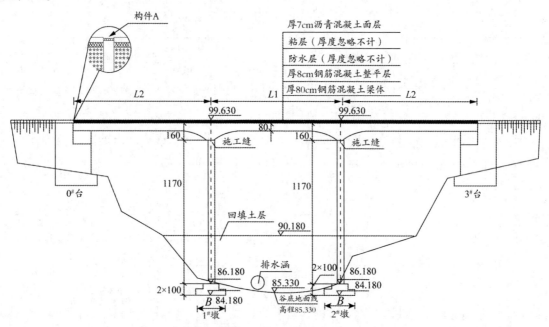

图3-2 桥梁立面布置（高度单位：m；尺寸单位：cm）

项目部编制的施工方案有如下内容：

（1）根据该桥结构特点，施工时，在墩柱与上部结构衔接处（即梁底曲面变弯处）设置施工缝。

（2）上部结构采用碗扣式钢管满堂支架施工方案。根据现场地形特点及施工便道布置情况，采用杂土对沟谷一次性进行回填，回填后经整平碾压，场地高程为90.180m，并在其上进行支架搭设施工，支架立柱放置于20cm×20cm楞木上。支架搭设完成后采用土袋进行堆载预压。

支架搭设完成后，项目部立即按施工方案要求的预压荷载对支架采用土袋进行堆载预压，期间遇较长时间大雨，场地积水。项目部对支架预压情况进行连续监测，数据显示各点的沉降量均超过规范规定，导致预压失败。此后，项目部采取了相应整改措施，并严格按规范规定重新开展支架施工与预压工作。

【问题】

1. 写出图中构件A的名称。
2. 根据图3-2判断，按桥梁结构特点，该桥梁属于哪种类型？简述该类型桥梁的主要受力特点。
3. 施工方案（1）中，在浇筑桥梁上部结构时，施工缝应如何处理？

4. 根据施工方案（2），列式计算桥梁上部结构施工图应搭设满堂支架的最大高度。
5. 项目部应采取哪些措施才能顺利地使支架预压成功？

案例三

【背景资料】

某施工单位承接了北方沿海地区某高速公路B合同段施工任务,该段有一座36m×40m的预应力混凝土简支箱梁桥,合同工期为15个月;采用长度为40~50m、直径为φ1.5m的桩基础,桥位处地层土质为亚黏土;下部结构为圆柱式墩,直径为φ1.3m,柱顶设置盖梁,墩柱高度为4~12m,桥台为重力式U形桥台。

项目部为了降低成本,制订了先进的、经济合理的施工方案。项目部的预制场和混凝土搅拌站布置示意图见图3-3。

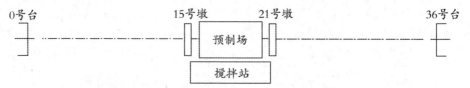

图3-3 项目部的预制场和混凝土搅拌站布置示意图

桩基础采用旋挖钻机成孔。

墩柱钢筋骨架现场整体制作、吊装就位。墩柱施工采用钢模板,整体拼装完成后一次吊装就位,再在顶部钢筋四周插入木楔,让钢筋骨架居中,使钢筋保护层厚度得到有效控制。项目部根据施工组织设计提出了水泥、钢材、碎石和砂等几项大宗材料的采购计划,并邀请了几家材料供应商参加竞标。项目部组织了评标小组,为节约成本,评标的唯一标准就是价格,项目部最终选择了一家报价最低的材料供应商。

【问题】

1. 简述背景材料中预制场和搅拌站布置方式的优点。
2. 针对0~15号及21~36号跨的主梁吊装施工,采用龙门架和双导梁架桥机哪种更适合本桥?请说明理由。
3. 背景资料中采用的墩柱钢筋保护层控制方法是否可行?请说明理由。
4. 指出背景资料中合格材料供方选择上的缺陷,并说明合格材料供方评价的依据。

案例四

【背景资料】

某公司中标一座跨河桥梁,该桥跨河部分总长101.5m,上部结构为30m+41.5m+30m三跨预应力混凝土连续箱梁,采用支架现浇法施工,考虑周边环境复杂,下部结构采用沉井基础。

为满足河道18m宽通航要求,跨河中间部分采用贝雷梁-碗扣组合支架形式搭设门洞;其余部分均采用满堂式碗扣支架(见图3-4)。

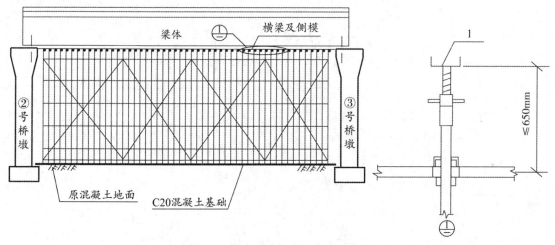

图3-4 满堂式碗扣支架布置示意图

项目部制订了相关施工专项方案,并对支架结构进行验算。对原地基进行压实处理后作为支架基础,支架施工前,对支架进行预压。支架搭设时,预留拱度考虑了:①支架和拱架在荷载作用下的弹性压缩;②支架和拱架在荷载作用下的非弹性压缩。

沉井基础施工采用筑岛围堰就地浇筑和不排水下沉施工。针对沉井大体积混凝土,施工中采取分层、分块浇筑。分块浇筑时,块与块之间的竖向接缝面平行于结构物的长边;在混凝土浇筑完12h内对混凝土表面进行保温保湿养护,养护持续7d。养护至72h时,测温显示混凝土内部温度为70℃,混凝土表面温度为35℃。

施工单位编制了桥梁施工组织设计和标后预算,标后预算中的自有机械费用由不变费用和可变费用组成。项目计划工期为2年10个月,实际工期比计划工期节省了4个月。施工时投入了2台运输车、4台吊车和2台自卸车等自有机械设备,其中每台吊车的原价为42万元,年折旧率为12%。

【问题】

1. 写出图3-4中1的名称,并说明支架应验算的内容。
2. 本工程搭设的门洞应采取哪些安全防护措施?
3. 指出承台大体积混凝土浇筑及养护的错误之处,并说明正确做法。
4. 对支架进行预压的主要目的有哪些?
5. 计算所有吊车在该项目实际发生的折旧费,并写出自有机械不变费用中折旧费之外包含的其他三项费用名称。

案例五

【背景资料】

某施工单位承接的二级公路中有四道单跨2.0m×2.0m钢筋混凝土盖板涵，在编制的施工组织设计中，对各涵洞的工序划分与工作时间分析见表3-1。

表3-1 工序划分与工作时间分析

工序名（代号）	涵洞工作时间/d			
	1#涵洞	2#涵洞	3#涵洞	4#涵洞
基础开挖及软基换填（A）	6	7	4	5
基础混凝土浇筑（B）	2	2	4	4
涵台混凝土浇筑（C）	4	3	4	5
盖板现浇（D）	5	4	3	4

施工单位最初计划采用顺序作业法组织施工，报监理审批时，监理认为不满足工期要求，要求改为流水作业法施工。

根据现场施工便道情况，施工单位决定分别针对A、B、C、D四道工序组织4个专业作业队伍，按1#→2#→3#→4#涵洞的顺序采用流水作业法施工，确保每个专业作业队的连续作业。在每个涵洞的"基础开挖及软基换填"工序之后，按《隐蔽工程验收制度》规定，必须对基坑进行检查和验收，检查和验收时间（间歇时间）按2d计算。

盖板涵施工主要工序包括：测量放线→基坑开挖→下基础→浆砌墙身→现浇板座→吊装盖板→出入口浆砌→A→涵洞回填及加固。

【问题】

1. 计算按顺序作业法组织四道涵洞施工的工期。
2. 计算按流水作业法组织施工的流水步距及总工期。
3. 绘制按流水作业法组织施工的横道图（要求横向为工期，纵向为工序）。
4. 写出盖板涵施工主要工序中A的名称。

模块四 隧道工程

案例一

【背景资料】

某施工单位承接了一座公路隧道的土建及交通工程施工项目,该隧道为单洞双向行驶的两车道浅埋隧道,设计净高5m,净宽12m,总长1600m,穿越的岩层主要由页岩和砂岩组成,裂隙发育,设计采用新奥法施工、分部开挖和复合式衬砌。洞内排水系统见图4-1、图4-2所示。

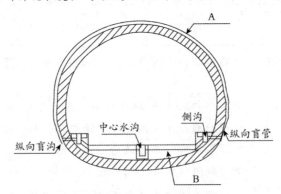

图4-1 排水系统正面示意图

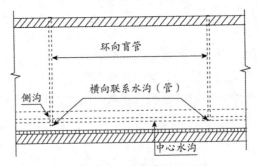

图4-2 排水系统纵剖面示意图

隧道喷锚支护时,为保证喷射混凝土强度,按相关规范要求取样进行抗压强度试验。取样按每组3个试块,共抽取36组,试验时发现试件抗压强度平均值大于设计值,但其中有2组试块抗压强度平均值为设计强度的87%、80%,其他各项指标符合要求。检查中还发现喷射混凝土局部有裂缝、脱落、露筋等情况。

隧道路面面层为厚度5cm、宽度9m的改性沥青AC-13,采用中型轮胎式摊铺机施工,该摊铺机施工生产率为80m³/台班,机械利用率为0.75,若每台摊铺机每天工作2台班,计划5d完成隧道路面沥青混凝土面层的摊铺。

路面施工完成后,项目部按要求进行了照明、供配电设施与交通标志、防撞设施、里程标、百米标的施工。

【问题】

1. 写出排水系统示意图中A和B的名称。

2. 喷射混凝土的抗压强度评定是否合格？说明理由。针对喷射混凝土出现的局部裂缝、脱落、露筋等缺陷，提出处理意见。

3. 按计划要求完成隧道沥青混凝土面层施工，计算每天所需要的摊铺机数量。

4. 补充项目部还应完成的其他隧道附属设施与交通安全设施。

案例二

【背景资料】

某施工单位承接了南方一座双向四车道分离式隧道施工,隧道穿越的地层有石灰岩、页岩、泥灰岩,局部夹有煤层,该隧道穿越一向斜构造。隧道进出口围岩为Ⅴ级,洞内Ⅲ级和Ⅳ级围岩呈间隔分布,局部为Ⅴ级。其中,左线隧道进口桩号为 K15+270,设计控制标高为 240.0m,隧道出口桩号为 K16+050,设计控制标高为 240.0m。

施工过程中发生了如下事件:

事件一: 为降低地表水对隧道施工的影响,洞口排水系统的技术要求如下:

(1) 洞口截水、排水设施不应在融雪期之前完成。

(2) 截水沟迎水面不得低于原地面,回填应密实且不易被水掏空。

(3) 洞内排水应与洞外排水设施合理连接。

事件二: 为保障进洞施工安全,采用超前管棚支护辅助施工措施,其施工流程包括:①钻孔;②管棚钢管内注浆;③浇筑导向墙(包括安设导向管);④插入钢筋笼;⑤打设管棚钢管。

【问题】

1. 按长度进行分类,该左线隧道属于哪种长度的隧道?说明理由。
2. 该隧道可能遇到的不良地质情况及危害有哪些?
3. 从隧道进出口标高分析,该隧道设计中宜采用哪种形式的纵坡?说明理由。
4. 逐条判断事件一中洞口排水系统的技术要求是否正确。若不正确,写出正确做法。
5. 写出事件二中正确的超前管棚支护施工流程(用编号表示,如①②……)。

案例三

【背景资料】

某施工单位承接了南方一座双向四车道分离式隧道施工,单洞设计为 9.75m×5m。左线起止里程桩号为 ZK33+259~ZK37+099,进口设计隧道路面高程为 715.654m,出口设计隧道路面高程为 764.560m。右线起止里程桩号为 YK33+305~YK37+125,进口设计隧道路面高程为 715.523m,出口设计隧道路面高程为 764.972m,坡度为 17.22‰,围岩级别属于Ⅳ~Ⅴ级围岩,稳定性差。

隧道所处围岩软弱,薄层结构,节理很发育,岩体较破碎,隧道开挖时,产生掉块,岩层富水性中等,雨季有滴水、渗水现象。为保证施工安全,施工单位在该隧道施工中采用了弹性波反射法进行超前地质预报,并在隧道施工全过程中,通过对隧道围岩动态的监控量测,掌握围岩动态和支护结构的工作状态,利用量测结果调整设计支护参数,指导施工。量测项目有洞内、外观察,锚杆轴力,围岩体内位移,支护、衬砌内应力。

项目部还实行安全目标管理,采取了一系列措施,并发生如下事件:

事件一:根据实测位移速率判断围岩稳定性,根据连续观测得到的位移速率结果是 0.3mm/d,施工单位判断围岩达到基本稳定。

事件二:根据监控量测数据及时反馈信息,适时施作二次衬砌,并保证二次衬砌距掌子面的距离Ⅳ级围岩地段不大于 50m,Ⅴ级围岩地段不大于 40m;同时为增加结构整体性,仰拱混凝土与拱墙混凝土同时施工。

事件三:项目施工后,同时施工该条高速公路监控系统,主要包括交通(信号)监控子系统、视频监控子系统、调度(指令)电话子系统、火灾自动报警子系统等子系统。

事件四:在 2017 年 9 月 26 日,由于施工单位没有按照监理和监控单位提出衬砌施作时机施工,产生塌方事故,导致 3 人死亡,塌体矢高 6m,跨度 12m。施工单位仔细观测塌方的范围、形状、数量大小及塌体的地质状况、地下水的分布、活动情况等,分析塌方发生的原因,研究制订处理方案。

【问题】

1. 补充背景资料中浅埋段监控量测的必测项目。
2. 事件一中施工单位的做法是否正确?说明理由。
3. 指出并改正事件二中的错误之处。
4. 补充事件三的监控系统子系统。
5. 根据《生产安全事故报告和调查处理条例》,事件四中发生的塌方事故属于什么等级?说明理由。

案例四

【背景资料】

某高速公路全长120km,设计行车速度为100km/h,双向四车道。其中有一座分离式隧道,隧道左线起讫桩号为ZK2+815~ZK3+880,全长1065m;右线起讫桩号为YK2+840~YK3+750,全长910m。隧道最大埋深400m,隧道沿纵向设人字坡,坡度为1%。隧道进口段为浅埋段,设40m长的明洞,如图4-3所示。隧道洞身围岩主要有Ⅲ级和Ⅳ级,岩层含少量地下水。

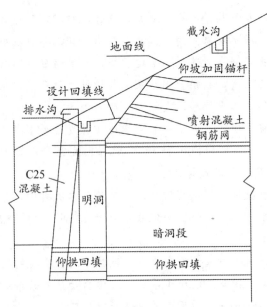

图4-3 隧道进口示意图

施工中发生如下事件:

事件一: 隧道洞口段施工时,明洞衬砌施作应遵循以下技术要求:

(1) 明洞衬砌内模板应采用衬砌模板台车,并应设置外模、支架。

(2) 明洞衬砌拱圈混凝土混合料坍落度宜控制在150mm以下。

(3) 混凝土入模温度应控制在5℃~32℃。

(4) 明洞混凝土强度达到80%后方可拆除内模。

事件二: 洞身掘进采用光面爆破,在爆破方案中有如下描述:在主爆区爆破之前起爆,在爆破和保留区之间形成一道有一定宽度的贯穿裂缝,以减弱主体爆破对保留岩体的破坏,并形成平整的轮廓面的爆破作业。

事件三: 隧道施工实行安全责任目标管理,项目部决定由专职安全员对隧道的安全生产全面负责。爆破施工前,项目部招聘了6名员工,并立即由专职安全员进行培训,考核合格后安排从事爆破作业。同时严格实行安全技术交底制度和上下班交接制度,严防安全事故的发生。

【问题】

1. 综合安全、质量、进度和经济等因素,写出隧道洞身适宜的开挖方法。

2. 逐条判断事件一中明洞衬砌施工遵循的技术要求是否正确。若不正确,写出正确做法。

3. 改正事件二爆破方案中的错误之处。

4. 指出项目部在爆破施工安全管理方面的不当之处,并提出正确做法。
5. 该隧道宜采用何种排水方式?说明理由。

案例五

【背景资料】

某高速公路左右线隧道，洞口间距42m，左线长3316m，右线长3200m，隧道最大埋深460m，净空宽度9.64m，净空高度6.88m，净空面积为58.16m^2，设计车速100km/h，开工日期为2017年7月，2019年7月竣工。

该地段地质条件复杂，勘探表明其围岩主要为弱风化硬质页岩，属Ⅳ～Ⅴ级围岩，稳定性差。由于地下水发育，特别是断层地带岩石破碎，裂隙发育，为保证施工安全，施工单位在该隧道施工中采用了超前地质预报，并进行监控量测。根据该隧道的地质条件和开挖断面，施工单位在施工组织设计中拟采用三台阶法施工，左线隧道施工工序划分见图4-4、图4-5。

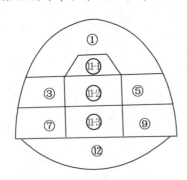
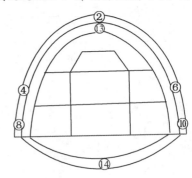

图 4-4 三台阶法开挖示意图　　图 4-5 支护、衬砌及仰拱施工工序示意图

针对开挖时右侧围岩相对左侧围岩较弱的特点，施工单位拟按①→②→③→④→⑤→⑥→⑦→⑧→⑨→⑩→⑪→⑫→⑬→⑭的顺序组织施工。

2019年6月6日上午，隧道开挖时，量测人员在处理量测数据中，发现"周边位移-时间曲线"出现反弯点，但未及时告知作业班组潜在的危险。当日下午发生较大塌方，当场死亡人数5人，重伤12人。经补报并核实，截至2019年7月6日，确认累计死亡人数达10人。

事故发生后，施工单位根据交通运输部对隐患排查治理提出的"两项达标""四项严禁""五项制度"的总目标，认真总结事故教训，开展了安全生产事故隐患排查治理活动，编制了安全专项方案和应急救援预案，尤其注重落实"五项制度"中的"施工现场危险告知制度"。

【问题】

1. 给出③→⑩、⑫→⑭正确的施工顺序，并说明理由。
2. 隧道可采用哪几种超前地质预报方法？
3. 根据《生产安全事故报告和调查处理条例》，背景资料中发生的塌方事故属于什么等级？说明理由。
4. 背景资料中提及的"施工现场危险告知制度"包括哪些内容？

参考答案与解析

第一篇　公路工程技术

第一章　路基工程
第一节　路基施工

考点 1　路基施工准备

1. 【答案】C
   【解析】路基施工前应做好组织、物资和技术三大准备，技术准备是工程顺利实施的基础和保证。

2. 【答案】ABCD
   【解析】技术准备工作的内容主要包括熟悉设计文件、现场调查核对、设计交桩、复测与放样、试验及试验路段施工等。选项E属于混淆选项。

3. 【答案】C
   【解析】路基施工前，应进行施工调查及现场核对，根据设计要求、合同条件及现场情况等编制施工组织设计。

4. 【答案】ABD
   【解析】路基开工前应建立健全质量、环境、职业健康安全管理体系，并对各类施工人员进行岗位培训和技术、安全交底。

5. 【答案】ABDE
   【解析】土的试验项目包括天然含水率、液限、塑限、颗粒分析、击实、CBR等，必要时应做相对密度、有机质含量、易溶盐含量、冻胀和膨胀量等试验。马歇尔试验用来测定沥青混合料的稳定度和流值等指标。

6. 【答案】B
   【解析】路基填前碾压前，应对路基基底原状土进行取样试验。每公里应至少取2个点，并应根据土质变化增加取样点数。

7. 【答案】C
   【解析】试验路段应选择地质条件、路基断面形式等具有代表性的地段，长度宜不小于200m。

8. 【答案】ABCE
   【解析】下列情况应进行试验路段施工：
   (1) 二级及二级以上公路路堤。
   (2) 填石路堤、土石路堤。
   (3) 特殊填料路堤。
   (4) 特殊路基。
   (5) 拟采用新技术、新工艺、新材料、新设备的路基。
   选项C虽然为土质路堤，但是交通等级为二级公路，应进行试验路段施工。
   选项D是三级公路路堤，不满足二级及二级以上公路路堤应进行试验路段施工的要求。

9. 【答案】ACE
   【解析】压实工艺主要参数：机械组合；压实机械规格、松铺厚度、碾压遍数、碾压速度、最佳含水率及碾压时含水率范围等。选项B、D属于路基施工前应进行的土的试验项目。

10. 【答案】CE
    【解析】特殊填料是指具有与一般土质不同工程性质的填料，如煤矸石、泡沫轻质土等。

11. 【答案】C
    【解析】压实工艺主要参数有：机械组合；压实机械规格、松铺厚度、碾压遍数、碾压速度、最佳含水率及碾压时含水率范围等。

12.【答案】ABDE

【解析】路堤试验路段施工总结宜包括下列内容：

(1) 填料试验、检测报告等。

(2) 压实工艺主要参数：机械组合；压实机械规格、松铺厚度、碾压遍数、碾压速度、最佳含水率及碾压时含水率范围等。

(3) 过程工艺控制方法。

(4) 质量控制标准。

(5) 施工组织方案及工艺的优化。

(6) 原始记录、过程记录。

(7) 对施工图的修改建议等。

(8) 安全保障措施。

(9) 环保措施。

考点 2　路基施工测量

1.【答案】ABCD

【解析】平面控制测量应采用卫星定位测量、导线测量、三角测量或三边测量方法进行。

2.【答案】C

【解析】沿路线每500m宜有一个水准点。

3.【答案】D

【解析】二、三、四级公路的高程控制测量等级应为五等。

4.【答案】ABDE

【解析】中线测量放样方法包括传统法放样（切线支距法、偏角法）、坐标法放样、GPS-RTK技术放样。

5.【答案】D

【解析】高速公路、一级公路中线放样宜采用坐标法进行测量放样。切线支距法适用于低等级公路。偏角法适用于低等级公路。图解法是路基横断面边桩放样方法。

6.【答案】B

【解析】GPS-RTK技术具有多种放样功能。在进行道路中线施工放样之前，首先要计算出线路上里程桩的坐标，然后才能用GPS-RTK的放样功能解算放样点的平面位置。

7.【答案】A

【解析】横断面边桩放样的方法包括图解法、计算法、渐近法、坐标法。图解法一般用于较低等级公路。计算法主要用于公路平坦地形或地面横坡较均匀一致地段的路基边坡放样。偏角法是中线放样的方法。渐近法精度高，适用于各级公路。

8.【答案】ABCD

【解析】路基横断面边桩放样方法包括图解法、计算法、渐近法、坐标法。

9.【答案】D

【解析】计算法主要用于公路平坦地形或地面横坡较均匀一致地段的路基边桩放样。

考点 3　原地基处理要求

1.【答案】A

【解析】地基表层碾压处理压实度控制标准为：二级及二级以上公路一般土质应不小于90％；三、四级公路应不小于85％。

2.【答案】B

【解析】地基表层碾压处理压实度控制标准为：二级及二级以上公路一般土质应不小于90％；三、四级公路应不小于85％。

3.【答案】A

【解析】低路堤应对地基表层土进行超挖、分层回填压实，其处理深度应不小于路床厚度。

4.【答案】D

【解析】低路堤应对地基表层土进行超挖、分层回填压实，其处理深度应不小于路床厚度，选项D错误。

5.【答案】ADE

【解析】原地面坑、洞、穴等，应在清除沉积物后，用合格填料分层回填、分层压实，压实度应符合规定。

6.【答案】C

【解析】地基表层碾压处理压实度控制标准为：二级及二级以上公路一般土质应不小于90％；三、四级公路应不小于85％，选项A说法正确。原地面的坑、洞、穴等，应在清除沉积物后，用合格填料分层回填、分层压实，选项B说法正确。泉眼或露头地下水，应按设计要求采取有效导排措施,将地下水引离后方可填筑路堤,选项C说法不正确。低路堤应对地基表层土进行超挖、分层回填压实,其处理深度应不小于路床厚度,选项D说法正确。

7.【答案】C

【解析】地基表层碾压处理压实度控制标准为:二级及二级以上公路一般土质应不小于90%;三、四级公路应不小于85%,选项A、B说法正确。原地面坑、洞、穴等,应在清除沉积物后,用合格填料分层回填、分层压实,选项C说法错误。泉眼或露头地下水,应按设计要求采取有效导排措施,将地下水引离后方可填筑路堤,选项D说法正确。

考点 4 挖方路基施工

1.【答案】D

【解析】选项A,测量放样后应进行场地清理,然后开挖截水沟。选项B,逐层开挖后应装运土石方,再进行路槽整修。选项C,装运土石方后再开挖边沟。

2.【答案】C

【解析】逐层开挖之前应开挖截水沟,选项C正确。

3.【答案】AB

【解析】推土机开挖土方作业中,影响作业效率的主要因素是切土和运土两个环节。

4.【答案】B

【解析】横向挖掘法包括适用于挖掘浅且短的路堑的单层横向全宽挖掘法和挖掘深且短的路堑的多层横向全宽挖掘法。

5.【答案】A

【解析】横向挖掘法包括适用于挖掘浅且短的路堑的单层横向全宽挖掘法和挖掘深且短的路堑的多层横向全宽挖掘法。

6.【答案】ABE

【解析】浅孔爆破的特点有:炮眼浅,用药少,每次爆破的方数不多,并全靠人工清除;不利于爆破能量的利用。由于眼浅,以

致响声大而炸下的石方不多,所以工效较低。选项C、D属于深孔爆破的特点。

7.【答案】C

【解析】在有裂缝的软石、坚石中,阶梯高度大于4m,药壶炮药壶不易形成时,采用猫洞炮可以获得好的爆破效果。

8.【答案】D

【解析】静态破碎法是将膨胀剂放入炮孔内,利用产生的膨胀力,缓慢地作用于孔壁,经过数小时至24h达到300~500MPa的压力,使介质裂开。

考点 5 填方路基施工

1.【答案】AE

【解析】路基宜选用级配较好的砾类土、砂类土等粗粒土作为填料。

2.【答案】B

【解析】路床填料最大粒径应不大于100mm,路堤填料最大粒径应不大于150mm。

3.【答案】ABC

【解析】含草皮、生活垃圾、树根、腐殖质的土严禁作为填料。选项D、E不得直接作为路堤填料。

4.【答案】A

【解析】填方分几个作业段施工时,接头部位如不能交替填筑,先填路段应按1:1~1:2坡度分层留台阶。

5.【答案】ADE

【解析】水平分层填筑法是按横断面全宽分成水平层次,逐层向上填筑,是路基填筑的常用方法。

6.【答案】CE

【解析】填石路堤顶面与细粒土填土层之间应填筑过渡层或铺设无纺土工布隔离层。

7.【答案】ABCD

【解析】填石路堤的填筑方法有竖向填筑法、分层压实法、冲击压实法和强力夯实法。

8.【答案】BC

【解析】土石混合材料来自不同料场,其岩

性或土石比例相差较大时，宜分层或分段填筑。

9. 【答案】B
   【解析】土石路堤不得采用倾填方法，只能采用分层填筑，分层压实。

考点 6 路基季节性施工

1. 【答案】C
   【解析】挖方边坡不宜一次挖到设计坡面，应预留一定厚度的覆盖层，待雨期过后再修整到设计坡面，选项A错误。雨期开挖路堑，当挖至路床顶面以上300～500mm时应停止开挖，并在两侧挖好临时排水沟，待雨期过后再施工，选项B错误，选项C正确。雨期开挖岩石路基，炮眼宜水平设置，选项D错误。

2. 【答案】A
   【解析】冬期施工的路堤填料，应选用未冻结的砂类土、碎石、卵石土、石渣等透水性良好的材料。不得用含水率过大的黏质土。

考点 7 路基排水设施施工

1. 【答案】ABC
   【解析】地面排水可采用边沟、截水沟、排水沟、跌水、急流槽、拦水带、蒸发池等设施。其作用是将可能停滞在路基范围内的地面水迅速排除，防止路基范围内的地面水流入路基内。选项D、E属于地下排水设施。

2. 【答案】CE
   【解析】路基地下排水设施有排水沟、暗沟（管）、渗沟、渗井、仰斜式排水孔等。选项A、B、D属于路基地面排水设施。

3. 【答案】B
   【解析】当地下水埋藏浅或无固定含水层时，宜采用渗沟。

考点 8 路基改建施工

1. 【答案】C
   【解析】老路堤与新路堤交界的坡面挖除清理的法向厚度不宜小于0.3m，然后从老路堤坡脚向上按设计要求挖设台阶。

2. 【答案】C
   【解析】路基拓宽拼接宽度小于0.75m时，可采取超宽填筑再削坡或翻挖既有路堤等措施。

3. 【答案】CE
   【解析】在路槽纵向开挖的台阶上铺设跨施工缝的土工格栅，以加强新老路基的横向联系，减少裂缝反射。

4. 【答案】BCD
   【解析】施工中为了确保路基稳定、减少路基工后沉降，对高路堤拓宽可采取粉喷桩、砂桩、塑料排水体、碎石桩等处理措施，并配合填筑轻型材料。在高路堤的处治过程中，不宜单独采用只适合于浅层处治以及路基填土较低等情况的换填砂石或加固土处治。

考点 9 特殊路基施工

1. 【答案】CE
   【解析】软土是指天然含水率高、天然孔隙比大、抗剪强度低、压缩性高的细粒土，包括淤泥、淤泥质土、泥炭、泥炭质土等。

2. 【答案】ABC
   【解析】浅层处理可采用浅层置换、浅层改良、抛石挤淤等方法，处理深度不宜大于3m。

3. 【答案】BDE
   【解析】袋装砂井宜采用圆形套管，套管内径宜略大于砂井直径，选项A错误。宜采用中、粗砂，粒径大于0.5mm颗粒的含量宜大于50%，含泥量应小于3%，选项B正确。砂袋的渗透系数应不小于砂的渗透系数，选项C错误。套管起拔时应垂直起吊，防止带出或损坏砂袋；发生砂袋带出或损坏时，应在原孔的边缘重新打入，选项D正确。砂袋在孔口外的长度应不小于300mm，并顺直伸入砂砾垫层，选项E正确。

4. 【答案】ACE
   【解析】CFG桩宜采用振动沉管灌注法成桩，也可采用长螺旋钻管内泵压混合料灌注施工，适用于处理十字板抗剪强度不小于20kPa的软土地基（选项B错误），施工前应进行成桩工艺和成桩强度试验。群桩施工应合理设计打桩顺序、控制打桩速度，宜采用隔桩跳打的打桩顺序，相邻桩打桩间隔时间应不少于7d（选项D错误）。桩顶超灌高度不宜小于0.5m。

5. 【答案】C

   【解析】软土地区路堤施工应尽早安排，施工计划中应考虑地基所需固结时间。填筑过程中，应严格控制填筑速率，并应进行动态观测。沉降观测在施工期应每填一层观测一次；路堤填高达到极限高度之后应每天观测一次；临时中断施工或加载间隙期，可3d观测一次。施工期间，路堤中心线地面沉降速率24h应不大于10～15mm，坡脚水平位移速率24h应不大于5mm，选项C错误。填筑速率应以水平位移控制为主，超过标准应立即停止填筑。

6. 【答案】A

   【解析】滑坡整治宜在早季施工。

第二节 路基防护与支挡

考点 1 防护工程设置与施工

1. 【答案】AD

   【解析】植物防护包括植草或喷播植草、铺草皮、种植灌木、喷混植生。选项B是骨架植物防护。选项C、E属于工程防护。

2. 【答案】ABCE

   【解析】沿河路基冲刷防护有植物防护、砌石或混凝土护坡、土工织物软体沉排、土工膜袋、石笼防护、浸水挡墙、护坦防护、抛石防护、排桩防护、丁坝、顺坝等。选项D是工程防护措施。

3. 【答案】BE

   【解析】混凝土喷射每层应自下而上进行，选项A错误。当混凝土厚度大于100mm时，宜分两次喷射，选项B正确。喷射混凝土面层应在长度方向上每30m设伸缩缝，缝宽10～20mm，选项C错误。喷射混凝土

初凝后，应立即开始养护，养护期宜不少于7d，选项D错误，选项E正确。

4. 【答案】C

   【解析】浆砌片石护坡每10～15m应留一伸缩缝，缝宽20～30mm。

5. 【答案】CD

   【解析】护面墙背面应与路基坡面密贴，边坡局部凹陷处，应挖成台阶后用与墙身相同的圬工砌补，不得回填土石或干砌片石，选项C错误。当护面墙基础修筑在不同岩层上时，应在变化处设置沉降缝，选项D错误。

考点 2 支挡工程设置与施工

1. 【答案】B

   【解析】路堤墙设置在高填土路堤或陡坡路堤的下方，可以防止路堤边坡或路堤沿基底滑动，同时可以收缩路堤坡脚，减少填方数量，减少拆迁和占地面积。

2. 【答案】A

   【解析】重力式挡土墙形式简单、施工方便、可就地取材、适应性强、应用广泛。

3. 【答案】B

   【解析】锚杆挡土墙施工工序为：施工准备→测量放样→基坑开挖→基础浇（砌）筑→锚杆制作→钻孔→锚杆安放与注浆锚固→肋柱和挡土板预制→肋柱安装→挡土板安装→墙后填料填筑与压实→附属工程施工等。因此挡土板安装之后进行的工序是墙后填料填筑与压实。

4. 【答案】B

   【解析】柱板式锚杆挡土墙的压力传递顺序是：墙后的侧向土压力作用于挡土板上，并通过挡土板传给肋柱，再由肋柱传给锚杆，由锚杆与周围地层之间的锚固力，即锚杆抗拔力使之平衡，以维持墙身及墙后土体的稳定。

5. 【答案】AC

   【解析】加筋土挡土墙一般应用于地形较为平坦且宽敞的填方路段上，在挖方路段或地形陡峭的山坡，由于不利于布置拉筋，一般不宜使用，选项A错误。加筋土挡土墙是在土中加

入拉筋,利用拉筋与土之间的摩擦作用,改善土体的变形条件和提高土体的工程特性,从而达到稳定土体的目的,选项B正确。加筋土是柔性结构物,能够适应地基轻微的变形,选项C错误。加筋土挡土墙由填料、在填料中布置的拉筋以及墙面板三部分组成,选项D正确。拉筋应按设计位置水平铺设在已经整平、压实的土层上,选项E正确。

第三节 路基试验检测

考点 1 最佳含水率测定

1. 【答案】AC

   【解析】由于击实功的不同,击实试验可分为重型和轻型击实。

2. 【答案】B

   【解析】最佳含水率是指击实曲线上最大干密度所对应的含水率。

3. 【答案】ABC

   【解析】在路基压实过程中,路基的含水率是土基施工的一个重要控制参数。试验方法有击实试验法、振动台法和表面振动压实仪法。

4. 【答案】C

   【解析】用振动台法和表面振动压实仪法测定无黏聚性自由排水粗粒土和巨粒土的最大干密度,这两种方法的测定结果基本一致。

考点 2 压实度检测

1. 【答案】A

   【解析】灌砂法适用于路基土压实度检测,不宜用于填石路堤等有大孔洞或大孔隙材料的测定。

2. 【答案】A

   【解析】灌砂法适用于路基土压实度检测,不宜用于填石路堤等有大孔洞或大孔隙材料的测定。在路面工程中也适用于基层或底基层、砂石路面的压实度检测。

3. 【答案】B

   【解析】灌砂法适用于路基土压实度检测,不宜用于填石路堤等有大孔洞或大孔隙材料的测定。在路面工程中也适用于基层或底基

层、砂石路面的压实度检测,选项A错误。环刀法用于细粒土的密度测试,选项B正确。核子密度湿度仪法利用放射性元素以散射法或直接透射法测定路基或路面材料的密度和含水率,并计算施工压实度,选项C错误。表面振动压实仪法是采用振动方法测定土的最大干密度,选项D错误。

考点 3 弯沉检测

1. 【答案】C

   【解析】弯沉是指在规定的标准轴载作用下,路基或路面表面轮隙中心位置产生的总垂直变形(总弯沉),或垂直回弹变形(回弹弯沉),以0.01mm为单位,是路基或路面质量控制的重要指标之一。

2. 【答案】A

   【解析】贝克曼梁法:传统检测方法,速度慢,静态测试,试验方法成熟,目前为规范规定的标准方法,选项A正确。核子密度湿度仪法和环刀法都是压实度检测方法,选项B、D错误。落锤弯沉仪法:利用重锤自由落下的瞬间产生的冲击荷载测定弯沉,并能反算路面的回弹模量,属于动态无损检测,使用时应采用贝克曼梁法进行标定换算,选项C错误。

3. 【答案】B

   【解析】将加载车停放在测试路段的测试位置,后轮一般应置于道路行车轮迹带上。将贝克曼梁插入加载车后轮轮隙处,与加载车行车方向一致(选项B错误),梁臂不得接触轮胎,贝克曼梁测头应置于轮隙中心前方30~50mm处测点上。指挥加载车缓缓前进,速度一般为5km/h左右,百分表示值随路基变形持续增加。

第四节 路基工程质量通病及防治措施

考点 1 路基压实质量问题的防治

1. 【答案】ABD

   【解析】路基施工中压实度不能满足质量标准要求,主要原因有:

(1) 压实遍数不够。
(2) 压实机械与填土土质、填土厚度不匹配。
(3) 碾压不均匀，局部有漏压现象。
(4) 含水率偏离最佳含水率，超过有效压实规定值。
(5) 没有对紧前层表面浮土或松软层进行处治。
(6) 土场土质种类多，出现不同类别土混填。
(7) 填土颗粒过大（>10cm），颗粒之间空隙过大，或者填料不符合要求，如粉质土、有机土及高塑性指数的黏土等。
选项C、E为产生路基边坡病害的原因。

2.【答案】ABD
【解析】路基边缘压实度不足的预防措施：
(1) 路基施工应按设计的要求进行超宽填筑。
(2) 控制碾压工艺，保证机具碾压到边。
(3) 认真控制碾压顺序，确保轮迹重叠宽度和段落搭接超压长度。
(4) 提高路基边缘带压实遍数，确保边缘带碾压频率高于或不低于行车带。

3.【答案】A
【解析】路基填筑宽度不足时，返工至满足设计和规范要求。亏坡补宽时应开挖台阶填筑，严禁贴坡。

考点 2　路基边坡病害的防治

【答案】ABE
【解析】路基边坡病害的原因分析：
(1) 设计对地震、洪水和水位变化影响考虑不充分。
(2) 路基基底存在软土且厚度不均。
(3) 换填土时清淤不彻底。
(4) 填土速率过快，施工沉降观测、侧向位移观测不及时。
(5) 路基填筑层有效宽度不够，边坡二期贴补。
(6) 路基顶面排水不畅。

(7) 纵坡大于12%的路段未采用纵向水平分层法分层填筑施工。
(8) 用透水性较差的填料填筑路堤，处理不当。
(9) 边坡植被不良。
(10) 未处理好填挖交界面。
(11) 路基处于陡峭的斜坡面上。
选项C、D属于预防措施。

考点 3　高填方路基沉降的防治

【答案】D
【解析】高填方路基沉降的原因分析：
(1) 按一般路堤设计，没有验算路堤稳定性、地基承载力和沉降量。
(2) 地基处理不彻底，压实度达不到要求，或地基承载力不够。
(3) 高填方路堤两侧超填宽度不够。
(4) 工程地质不良，且未做地基孔隙水压力监测。
(5) 路堤受水浸泡部分边坡陡，填料土质差。
(6) 路堤填料不符合规定，随意增大填筑层厚度，压实不均匀，且达不到规定要求。
(7) 高路堤荷载作用下，地基与路堤固结沉降。

考点 4　路基开裂病害的防治

1.【答案】B
【解析】半填半挖路段，地面横坡大于1:5及旧路利用路段，应严格按规范要求将原地面挖成宽度不小于1.0m的台阶并压实。

2.【答案】BE
【解析】路基填料禁止直接使用液限大于50%、塑性指数大于26的土；当选材困难，必须直接使用时，应采取相应的技术措施，选项A正确。不同种类的土应分层填筑，同一填筑层不得混用，选项B错误。路基顶填筑层分段作业施工，两段交接处应按要求处理，选项C正确。严格控制路基每一填筑层的标高、平整度，确保路基顶填筑层压实厚度不小于80mm，选项D正确，选项E错误。

3. 【答案】C

【解析】路基网裂的预防及治理措施有：

(1) 采用合格的填料，或采取掺加石灰、水泥改性处理措施。

(2) 选用塑性指数符合规范要求的土填筑路基，在填土最佳含水率时碾压。

(3) 加强养护，避免表面水分过分损失。

(4) 认真组织，科学安排，保证设备匹配合理，施工衔接紧凑。

(5) 若因下层土过湿，应查明其层位，采取换填土或掺加生石灰粉等技术措施处治。

第二章 路面工程

第一节 路面基层（底基层）施工

考点 1 粒料基层（底基层）施工

1. 【答案】C

【解析】粒料基层（底基层）包括嵌锁型和级配型两种。嵌锁型包括泥结碎石、泥灰结碎石、填隙碎石等；级配型包括级配碎石、级配砾石、符合级配的天然砂砾、部分砾石经轧制掺配而成的级配砾、碎石等，其中级配碎石可用于各级公路的基层和底基层。

2. 【答案】D

【解析】级配型粒料基层包括级配碎石、级配砾石、符合级配的天然砂砾、部分砾石经轧制掺配而成的级配砾、碎石等。

3. 【答案】ABC

【解析】级配型粒料基层包括级配碎石、级配砾石、符合级配的天然砂砾、部分砾石经轧制掺配而成的级配砾、碎石等。选项D、E属于无机结合料稳定基层。

4. 【答案】AC

【解析】粒料基层（底基层）包括嵌锁型和级配型两种。嵌锁型包括泥结碎石、泥灰结碎石、填隙碎石等；级配碎石属于级配型粒料基层，水泥稳定碎石属于无机结合料。

5. 【答案】D

【解析】填隙碎石可用于各等级公路的底基层和二级以下公路的基层。

6. 【答案】D

【解析】填隙碎石用作基层时，集料的公称最大粒径应不大于53mm；用作底基层时，应不大于63mm。

7. 【答案】C

【解析】填隙碎石用作基层时，集料的压碎值应不大于26%；用作底基层时应不大于30%。

8. 【答案】B

【解析】填隙碎石施工中，填隙料的用量宜为集料质量的30%～40%。

9. 【答案】ABDE

【解析】填隙碎石宜采用振动压路机碾压，而不是胶轮压路机，选项C错误。

10. 【答案】AC

【解析】填隙碎石施工时，应符合下列规定：

(1) 填隙料应干燥，选项A错误。

(2) 宜采用振动压路机碾压，碾压后，表面集料间的空隙应填满，但表面应看得见集料。填隙碎石层上为薄沥青面层时，宜使集料的棱角外露3～5mm，选项B、D正确。

(3) 碾压后基层的固体体积率宜不小于85%，底基层的固体体积率宜不小于83%。

(4) 填隙碎石基层未洒透层沥青或未铺封层时，不得开放交通。

单层填隙碎石的压实厚度宜为公称最大粒径的1.5～2.0倍，选项C错误。

干旱缺水地区宜采用干法施工，选项E正确。

11. 【答案】ABD

【解析】填隙碎石湿法施工应按照下列规定进行：

(1) 初压宜用两轮压路机碾压3～4遍，使集料稳定就位，选项A正确。

(2) 填隙料应采用石屑撒布机或类似的设

备均匀地撒铺在已压稳的集料层上，选项B正确。

（3）应采用振动压路机慢速碾压，将全部填隙料振入集料间的空隙中，选项C错误。

（4）集料层表面空隙全部填满后，宜立即用洒水车洒水，直到饱和，选项D正确。

（5）碾压完成的路段应让水分蒸发一段时间，结构层变干后，应将表面多余的细料以及细料覆盖层扫除干净，选项E错误。

12. 【答案】ABD

【解析】应根据各路段基层或底基层的宽度、厚度及松铺系数，计算各段需要的粗碎石数量。根据运料车辆的车厢体积，计算每车料的堆放距离。选项C、E是计算该段所需的粗碎石体积数量不需要考虑的参数。

13. 【答案】D

【解析】对级配碎石材料，基层压实度应不小于99％，底基层压实度应不小于97％。

考点 2　无机结合料稳定基层（底基层）施工

1. 【答案】D

【解析】石灰稳定土包括石灰稳定级配碎石、未筛分碎石、砂砾、碎石土、砂砾土、煤矸石、各种粒状矿渣等，适用于各级公路的底基层，以及二级和二级以下公路的基层，但石灰土不得用作二级公路的基层和二级以上公路高级路面的基层，选项A、C错误。水泥稳定土适用于各级公路的基层和底基层，但水泥稳定细粒土不能用作二级和二级以上公路高级路面的基层，选项B错误。石灰工业废渣稳定土适用于各级公路的基层和底基层，但二灰、二灰土和二灰砂不应作二级和二级以上公路高级路面的基层，选项D正确。

2. 【答案】AB

【解析】水泥稳定土包括水泥稳定级配碎石、未筛分碎石、砂砾、碎石土、砂砾土、煤矸石、各种粒状矿渣等，适用于各级公路的基层和底基层。但水泥稳定细粒土、石灰土、二灰、二灰土和二灰砂不能用作二级和二级以上公路高级路面的基层。

3. 【答案】B

【解析】无机结合料稳定基层（底基层）所用水泥初凝时间应大于3h，终凝时间应大于6h且小于10h。

4. 【答案】BCE

【解析】高速公路和一级公路的基层，宜采用磨细消石灰，选项A错误。高速公路和一级公路用石灰应不低于Ⅱ级技术要求，选项B正确。水泥强度等级为32.5级或42.5级，且技术标准满足规范要求的普通硅酸盐水泥等均可使用，选项C正确。所用水泥初凝时间应大于3h，终凝时间应大于6h且小于10h，选项D错误。拌合使用的非饮用水应进行水质检验，选项E正确。

5. 【答案】ACDE

【解析】无机结合料稳定材料组成设计应包括原材料检验、混合料的目标配合比设计、混合料的生产配合比设计和施工参数确定四部分。

6. 【答案】C

【解析】石灰稳定材料或石灰粉煤灰稳定材料层宜在当天碾压完成，最长不应超过4d。

7. 【答案】ABD

【解析】稳定材料层宽11~12m时，每一流水作业段长度以500m为宜；稳定材料层宽大于12m时，作业段宜相应缩短。宜综合考虑下列因素，合理确定每日施工作业段长度：

（1）施工机械和运输车辆的生产效率和数量。

（2）施工人员数量及操作熟练程度。

（3）施工季节和气候条件。

（4）水泥的初凝时间和延迟时间。

（5）减少施工接缝的数量。

8. 【答案】B

【解析】混合料摊铺应保证足够的厚度，碾压成型后每层的摊铺厚度宜不小于160mm，最大厚度宜不大于200mm。

9. 【答案】C

【解析】在施工期间,两台摊铺机的前后间距宜不大于10m,且两个施工段面纵向应有300~400mm的重叠。

10. 【答案】D

【解析】混合料人工路拌法施工的工艺流程为:现场准备(准备下承层、施工放样)→布料(备料、摊铺土、洒水、闷料、整平和轻压,摆放和摊铺无机结合料)→拌和[拌和(干拌)、加水并湿拌]。

11. 【答案】B

【解析】被稳定材料应在摊铺水泥的前一天摊铺,选项A错误。同日施工的两工作段的衔接处,前一段拌和整形后,留5~8m不碾压,后一段施工时,在前一段的未压部分再加部分水泥重新拌和,并与后一段一起碾压,选项B正确。推铺时宜避免纵向接缝,分两幅施工时,纵缝应垂直相接,严禁斜接,选项C错误。采用人工摊铺和整形的稳定材料层,宜先用拖拉机或6~8t两轮压路机或轮胎压路机碾压1~2遍,再用重型压路机碾压,选项D错误。

12. 【答案】C

【解析】无机混合料基层路拌法施工中,下承层为粒料底基层时,应检测弯沉值。

13. 【答案】D

【解析】应采用摊铺功率不低于120kW的沥青混凝土摊铺机或稳定材料摊铺机摊铺混合料,选项A正确。对无法使用机械摊铺的超宽路段,应采用人工同步摊铺、修整,并同时碾压成型,选项B正确。因故中断时间大于2h时,应设置横向接缝,选项C正确。存在纵向接缝时,纵缝应垂直相接,严禁斜接,选项D错误。

14. 【答案】C

【解析】人工摊铺与碾压要求:混合料拌和均匀后,应及时用平地机初步整形,选项A正确。在初平的路段上,应用拖拉机、平地机或轮胎压路机快速碾压一遍,选项B正确。应将高处料直接刮出路外,严禁

形成薄层贴补现象,选项C错误。碾压过程中,有"弹簧"、松散、起皮等现象时,应及时翻开重新拌和或用其他方法处理,选项D正确。

15. 【答案】A

【解析】在直线段和不设超高的平曲线段,由两侧路肩开始向路中心碾压,也是由低向高碾压;在设超高的平曲线段,由内侧路肩向外侧路肩进行碾压,也是由低向高碾压。

16. 【答案】B

【解析】无机结合料稳定材料的养护期宜不少于7d,养护期宜延长至上层结构开始施工的前2d。

17. 【答案】AD

【解析】在无机结合料稳定材料层之间的处理中,在上层施工前1~2h,宜撒布水泥或洒铺水泥净浆。

18. 【答案】A

【解析】无机结合料稳定材料层之间的处理要求有:下承层清理后应封闭交通,选项A正确。可采用上下结构层连续摊铺施工的方式,每层施工应配备独立的摊铺和碾压设备,不得采用一套设备在上下结构层来回施工,选项B错误。稳定细粒材料结构层施工时,根据土质情况,最后一道碾压工艺可采用凸块式压路机碾压,选项C错误。在上层施工前1~2h,宜撒布水泥或洒铺水泥净浆,选项D错误。

19. 【答案】C

【解析】养护至上层结构层施工前1~2d,方可将薄膜掀开,选项C错误。

第二节 沥青路面施工

考点 1 沥青路面施工准备

1. 【答案】B

【解析】改性沥青宜在固定式工厂或在现场设厂集中制作,也可在拌合厂现场边制造边使用,选项A正确。改性沥青的加工温度不宜超过180℃,选项B错误。现场制造的

改性沥青宜随配随用,需作短时间保存,或运送到附近的工地时,使用前必须搅拌均匀,在不发生离析的状态下使用,选项C、D正确。

2.【答案】B
【解析】矿物纤维宜采用玄武岩等矿石制造,易影响环境及造成人体伤害的石棉纤维不宜直接使用。

3.【答案】D
【解析】施工前应对沥青拌合楼、摊铺机、压路机等各种施工机械和设备进行调试,对机械设备的配套情况、技术性能、传感器计量精度等进行认真检查、标定,并得到监理的认可。

4.【答案】ABD
【解析】高速公路和一级公路的沥青路面在施工前应铺筑试验段。其他等级公路在缺乏施工经验或初次使用重大设备时,也应铺筑试验段。当同一施工单位在材料、机械设备及施工方法与其他工程完全相同时,也可利用其他工程的结果,不再铺筑新的试验路段。

考点 2 沥青路面透层、粘层、封层施工

1.【答案】A
【解析】为使沥青面层与基层结合良好,在基层上浇洒乳化沥青、煤沥青或液体沥青而形成的透入基层表面的薄层称为透层。

2.【答案】B
【解析】沥青路面各类基层都必须喷洒透层油,沥青层必须在透层油完全渗透入基层后方可铺筑。基层上设置下封层时,透层油不宜省略。

3.【答案】ACE
【解析】为使沥青面层与基层结合良好,在基层上浇洒乳化沥青、煤沥青或液体沥青而形成的透入基层表面的薄层称为透层。

4.【答案】B
【解析】在无机结合料粒料基层上洒布透层油时,宜在铺筑沥青层前1~2d洒布。

5.【答案】CD
【解析】粘层的作用:使上下层沥青结构层或沥青结构层与结构物(或水泥混凝土路面)完全粘结成一个整体。选项A是透层的作用。选项B、E是封层的作用。

6.【答案】AC
【解析】符合下列情况,必须喷洒粘层沥青:
(1)双层式或三层式热拌热铺沥青混合料路面的沥青层之间。
(2)水泥混凝土路面、沥青稳定碎石基层或旧沥青路面层上加铺沥青层。
(3)路缘石、雨水进水口、检查井等构造物与新铺沥青混合料接触的侧面。
选项B、D应喷洒透层油。选项E可做封层施工。

7.【答案】C
【解析】封层的作用:一是封闭某一层起保水、防水作用;二是起基层与沥青表面层之间的过渡和有效联结作用;三是路的某一层表面破坏离析松散处的加固补强;四是基层在沥青面层铺筑前,要临时开放交通,防止基层因天气或车辆作用出现水毁。

8.【答案】B
【解析】封层的作用:一是封闭某一层起保水、防水作用;二是起基层与沥青表层之间的过渡和有效联结作用;三是路的某一层表面破坏离析松散处的加固补强;四是基层在沥青面层铺筑前,要临时开放交通,防止基层因天气或车辆作用出现水毁。

9.【答案】ACE
【解析】稀浆封层施工注意事项:
(1)稀浆封层施工前,应彻底清除原路面的泥土、杂物,修补坑槽、凹陷,较宽的裂缝宜清理灌缝。
(2)稀浆封层施工时应在干燥情况下进行。
(3)稀浆封层铺筑后,必须待乳液破乳、水分蒸发、干燥成型后方可开放交通。
(4)稀浆封层施工气温不得低于10℃,严禁在雨期施工,摊铺后尚未成型的混合料遇雨时应予铲除。

10.【答案】C

【解析】稀浆封层混合料的加水量应根据施工摊铺和易性由稠度试验确定,要求的稠度应为2~3cm。

考点 3 沥青路面面层施工

1.【答案】ABCD

【解析】沥青路面结构层由面层、基层、底基层、垫层组成。

2.【答案】B

【解析】面层是直接承受车轮荷载反复作用和自然因素影响的结构层。基层是设置在面层之下,并与面层一起将车轮荷载的反复作用传布到底基层、垫层、土基,起主要承重作用的层次。底基层是设置在基层之下,并与面层、基层一起承受车轮荷载反复作用,起承重作用的层次。垫层是设置在底基层与土基之间的结构层,起排水、隔水、防冻、防污等作用。

3.【答案】A

【解析】面层是直接承受车轮荷载反复作用和自然因素影响的结构层。基层是设置在面层之下,并与面层一起将车轮荷载的反复作用传布到底基层、垫层、土基,起主要承重作用的层次。底基层是设置在基层之下,并与面层、基层一起承受车轮荷载反复作用,起承重作用的层次。垫层是设置在底基层与土基之间的结构层,起排水、隔水、防冻、防污等作用。

4.【答案】D

【解析】垫层是设置在底基层与土基之间的结构层,起排水、隔水、防冻、防污等作用。

5.【答案】A

【解析】沥青混凝土路面由适当比例的各种不同大小颗粒的集料、矿粉和沥青,加热到一定温度后拌合,经摊铺压实而成的路面面层。采用相当数量的矿粉是沥青混凝土的显著特点,选项A错误。较高的粘结力使路面具有较高的强度,可以承受比较繁重的车辆交通,选项B正确。较小的空隙率使沥青混凝土路面具有透水性小、水稳性好、耐久性高、有较大抵抗自然因素的能力,使用年限达15年以上,选项C正确。沥青混凝土路面适用于各级公路面层,选项D正确。

6.【答案】ACDE

【解析】沥青表面处治:用沥青和集料按层铺法或拌和法铺筑而成的厚度不超过3cm的沥青面层。按浇洒沥青和撒布集料的遍数不同,分为单层式、双层式、三层式。一般用于三、四级公路,也可用作沥青路面的磨耗层、防滑层。

7.【答案】D

【解析】沥青碎石玛蹄脂混合料(SMA)是一种典型的密实-骨架结构。AC-I型沥青混凝土是密实-悬浮结构。沥青碎石混合料(AN)和排水沥青混合料(OGFC)是典型的骨架-空隙结构。

8.【答案】A

【解析】工程中常用的AC-I型沥青混凝土是密实-悬浮结构的典型代表。工程中使用的沥青碎石混合料(AN)和排水沥青混合料(OGFC)是典型的骨架-空隙结构。沥青碎石玛蹄脂混合料(SMA)是一种典型的密实-骨架结构。选项C不存在。

9.【答案】C

【解析】开级配沥青混合料代表类型有排水式沥青磨耗层混合料,以OGFC表示;另有排水式沥青稳定碎石基层,以ATPB表示。

10.【答案】D

【解析】间断级配沥青混合料是指矿料级配组成中缺少1个或几个档次而形成的级配间断的沥青混合料,代表类型有沥青玛蹄脂碎石(SMA)。

11.【答案】A

【解析】密实-悬浮结构:在采用连续密级配矿料配制的沥青混合料中,粒径较大的颗粒往往被较小一级的颗粒挤开,彼此分离悬浮于较小颗粒和沥青胶浆中间,这样就形成了密实-悬浮结构的沥青混合料。

12. 【答案】B

【解析】在热拌沥青混合料面层施工中，开铺前将摊铺机的熨平板加热至不低于100℃。

13. 【答案】ABDE

【解析】沥青混合料边角部分压路机碾压不到的位置，使用小型振动压路机碾压，选项C错误。

14. 【答案】C

【解析】横接缝的处理方法：首先用3m直尺检查端部平整度，不符合要求时，垂直于路中线切齐清除，选项C错误。

15. 【答案】AD

【解析】沥青表面处治适用于三级及三级以下公路的沥青面层，不适用于高等级公路路面，选项B错误。沥青表面处治的集料最大粒径应与处治层的厚度相等，选项C错误。沥青表面处治宜选择在干燥和较热的季节施工，而不是春季，选项E错误。

16. 【答案】B

【解析】沥青贯入式面层适用于三级及三级以下公路，也可作为沥青路面的联结层或基层，选项A错误，选项B正确。沥青贯入式面层具有较高的强度和稳定性，其强度主要以矿料的嵌挤为主，沥青的粘结力为辅，选项C错误。沥青贯入式面层是一种多空隙结构，选项D错误。

17. 【答案】A

【解析】水泥路面采用直接加铺法改造时，具体的工艺流程：定位→钻孔→制浆→灌浆→灌浆孔封堵→交通控制→弯沉检测。

18. 【答案】B

【解析】路面碎石化施工时，两幅破碎一般要保证100mm左右的搭接破碎宽度。

19. 【答案】B

【解析】路面碎石化施工时，表面凹处在100mm×100mm以上的，应利用沥青混合料找平，以保证加铺沥青面层的平整度。

20. 【答案】ACD

【解析】根据路面破损情况的不同和对修复后路面质量等级的不同要求，现场热再生法应用的施工工艺主要有三种，分别为整型再生法、重铺再生法、复拌再生法。

21. 【答案】ABCE

【解析】SMA面层施工切忌使用胶轮压路机或组合式压路机，以防止胶轮压路机或组合式压路机的轮胎将结构部沥青"泵吸"到路表面，使路表失去纹理和粗糙度，选项D错误。

22. 【答案】C

【解析】当采用两台摊铺机时，纵向接缝应采用热接缝，选项C错误。

23. 【答案】B

【解析】堆料采用小料堆集料堆放，避免大料堆放时大颗粒流到外侧，集料产生离析。

第三节 水泥混凝土路面施工

考点 1 水泥混凝土路面施工准备

1. 【答案】BCD

【解析】高温期施工宜采用普通型水泥，低温期宜采用早强型水泥，选项A错误。采用机械化铺筑时，宜选用散装水泥，选项E错误。

2. 【答案】C

【解析】处在海水、海风、氯离子环境或冬季洒除冰盐的路面或桥面钢筋混凝土、钢纤维混凝土中宜掺阻锈剂。

3. 【答案】B

【解析】二级及二级以上公路水泥混凝土面层施工前，应制订试验路段的施工方案和质量检测计划，并应铺筑试验路段。其他等级公路施工前宜铺筑试验路段，试验路段长度不应短于100m。

考点 2 水泥混凝土路面的施工

1. 【答案】A

【解析】施工模板应采用刚度足够的槽钢、轨模或钢制边侧模板，不应使用木模板、塑料模板等易变形模板。

2. 【答案】A

【解析】施工中应每 15d 校验一次拌合楼计量精度。

3. 【答案】D

【解析】自卸车运输应减少颠簸，防止拌合物离析。车辆起步和停车应平稳，选项 D 错误。

4. 【答案】C

【解析】上坡纵坡大于 5%、下坡纵坡大于 6%、平面半径小于 50m 或超高横坡超过 7% 的路段，不宜采用滑模摊铺机进行摊铺。

5. 【答案】A

【解析】滑模摊铺高速公路、一级公路时，应采用单向坡双线基准线。

6. 【答案】A

【解析】振动板移位时，应重叠 100～200mm，振动板在一个位置的持续振捣时间不应少于 15s。

7. 【答案】C

【解析】振动梁振实后，应拖动滚杠往返 2～3 遍提浆整平。

8. 【答案】AB

【解析】水泥混凝土路面纵缝包括纵向施工缝和纵向缩缝两类，构造上分为设拉杆平缝型和设拉杆假缝型。

9. 【答案】C

【解析】纵缝拉杆应采用热轧带肋钢筋，设在板厚中央，并应对拉杆中部 100mm 进行防锈处理。

10. 【答案】D

【解析】横缝包括横向施工缝、横向缩缝和横向胀缝三类。横向施工缝构造上分为设传力杆平缝型和设拉杆企口缝型；横向缩缝构造上分为设传力杆假缝型和不设传力杆假缝型。具体设置如下：

（1）每日施工结束或因临时原因中断施工时，应设置横向施工缝，其位置应尽可能选在胀缝或缩缝处。横向施工缝设在缩缝处应采用设传力杆平缝型。施工缝设在胀缝处其构造与胀缝相同。确有困难需设置在缩缝之间时，横向施工缝应采用设拉杆企口缝型。

（2）普通混凝土路面横向缩缝宜等间距布置，不宜采用斜缝，选项 D 错误。

11. 【答案】D

【解析】确有困难需设置在缩缝之间时，横向施工缝应采用设拉杆企口缝型，选项 D 正确。

12. 【答案】ABC

【解析】人工修整表面时，宜使用木抹，选项 A 错误。当日施工进度超过 500m 时，抗滑沟槽制作宜选用拉毛机械施工，选项 B 错误。用钢抹修整过的光面，必须再做拉毛处理，以恢复细观抗滑构造，选项 C 错误。特重和重交通混凝土路面宜采用硬刻槽，凡使用圆盘、叶片式抹面机整平后的混凝土路面、钢纤维混凝土路面必须采用硬刻槽方式制作抗滑沟槽，选项 D、E 正确。

13. 【答案】BD

【解析】混凝土路面铺筑完成或软作抗滑构造完毕后立即开始养护，选项 A 正确。养护时间根据混凝土弯拉强度增长情况而定，不宜小于设计弯拉强度的 80%，选项 B 错误。一般养护天数宜为 14～21d，高温天不宜小于 14d，低温天不宜小于 21d，选项 C 正确，选项 D 错误。掺粉煤灰的混凝土路面，最短养护时间不宜小于 28d，低温天应适当延长，选项 E 正确。

14. 【答案】D

【解析】应先采用切缝机清除接缝中夹杂的砂石、凝结的泥浆等，再使用压力不小于 0.5MPa 的压力水和压缩空气彻底清除接缝中的尘土及其他污染物，确保缝壁及内部清洁、干燥。缝壁检验以擦不出灰尘为灌缝标准。在灌缝料养护期间应封闭交通，选项 D 错误。

第四节　路面防、排水施工

考点 1　路面防水施工

1. 【答案】ABE

【解析】在路线纵坡平缓、汇水量不大、路

堤较低且边坡坡面不会受到冲刷的情况下，应采用在路堤边坡上横向漫流的方式排除路面表面水。

2.【答案】A

【解析】在干旱、少雨地区，通常采用透水性小的密级配沥青混合料做表面层。

考点 2　路面排水施工

1.【答案】C

【解析】路面内部排水系统中各项排水设施的泄水能力均应大于渗入路面结构内的水量，且下游排水设施的泄水能力应超过上游排水设施的泄水能力，选项 C 错误。

2.【答案】A

【解析】路面基层排水系统是直接在面层下设置透水性排水基层，在其边缘设置纵向集水沟和排水管以及横向出水管等，组成排水基层排水系统，采用透水性材料做基层，使渗入路面结构内的水分，先通过竖向渗流进入排水层，然后横向渗流进入纵向集水和排水管，再由横向出水管引出路基。

3.【答案】ACD

【解析】排水层的透水性材料可以采用经水泥或沥青处治，或者未经处治的开级配碎石集料。

第五节　路面试验检测

考点 1　无侧限抗压强度试验检测

1.【答案】C

【解析】测定无机结合料稳定土（包括稳定细粒土、中粒土和粗粒土）试件的无侧限抗压强度，有室内配合比设计试验及现场检测，本试验包括：按照预定的干密度用静力压实法制备试件以及用锤击法制备试件，试件都是高：直径＝1∶1 的圆柱体。

2.【答案】D

【解析】无侧限抗压强度试验步骤为：
（1）试料准备。
（2）确定无机结合料的最佳含水量和最大干密度。
（3）配制混合料。

（4）按预定的干密度制作试件。
（5）成型后试件应立即放入恒温室养护。
（6）无侧限抗压强度试验。
（7）整理数字、强度评定并提供试验报告。

考点 2　马歇尔试验检测

1.【答案】C

【解析】沥青饱和度是指压实沥青混合料试件中沥青实体体积占矿料骨架实体以外的空间体积的百分率，又称为沥青填隙率。

2.【答案】D

【解析】稳定度是指沥青混合料在外力作用下抵抗变形的能力。

考点 3　水泥混凝土路面抗压、抗折强度试验检测

1.【答案】A

【解析】水泥混凝土抗压强度试验步骤为：制作试件→养护→试件修整→压力试验→试验报告。

2.【答案】A

【解析】水泥混凝土抗折强度是以 150mm×150mm×550mm 的梁形试件在标准养护条件下达到规定龄期后，净跨径 450mm，双支点荷载作用下的弯拉破坏，并按规定的计算方法得到强度值。

第六节　路面工程质量通病及防治措施

考点 1　无机结合料稳定类基层裂缝的防治

1.【答案】BCE

【解析】石灰稳定土底基层裂缝病害预防措施有：
（1）石灰土成型后应及时洒水或覆盖塑料薄膜养护，或铺上一层素土覆盖，选项 C 正确。
（2）选用塑性指数合适的土，或适量掺入砂性土、粉煤灰和其他粒料，改善施工用土的土质，选项 B、E 正确。
（3）加强剂量控制，使石灰剂量准确，保证拌和遍数和石灰土的均匀性。
（4）控制压实含水率，在较大含水率下压实的石灰土，具有较大的干裂，宜在最佳含水

率±1%时压实。

(5) 尽量避免在不利季节施工，最好在第一次冰冻来临一个半月前结束施工，选项D错误。石灰稳定土中不含水泥，选项A错误。

2.【答案】A

【解析】造成水泥稳定碎石基层裂缝的原因有：

(1) 水泥剂量偏大或水泥稳定性差。

(2) 碎石级配中细粉料偏多，石粉塑性指数偏高。

(3) 集料中黏土含量大，因为黏土含量越大，水泥稳定碎石的干缩、温缩裂纹越大。

(4) 碾压时混合料含水率偏大，不均匀。

(5) 混合料碾压成型后养护不及时，易造成基层开裂。

(6) 养护结束后未及时铺筑封层。

选项A属于预防措施。

考点 2　沥青混凝土路面接缝病害的防治

【答案】BCDE

【解析】沥青混凝土路面的横向接缝尽量采用平接缝，选项A错误。

考点 3　水泥混凝土路面裂缝的防治

1.【答案】D

【解析】水泥混凝土路面龟裂的原因：

(1) 混凝土浇筑后，表面没有及时覆盖，在炎热或大风天气，表面游离水分蒸发过快，体积急剧收缩，导致开裂。

(2) 混凝土拌制时水胶比过大；模板与垫层过于干燥，吸水大。

(3) 混凝土配合比不合理，水泥用量和砂率过大。

(4) 混凝土表面过度振捣或抹平，使水泥和细骨料过多上浮至表面，导致缩裂。

选项D错误，混凝土施工时，振捣不均匀，容易导致横向裂缝。

2.【答案】CDE

【解析】水泥混凝土路面横向裂缝产生的原因有：

(1) 混凝土路面切缝不及时，由于温缩和干缩发生断裂。

(2) 切缝深度过浅。

(3) 混凝土路面基础发生不均匀沉陷。

(4) 混凝土路面板厚度与强度不足，在行车荷载和温度应用下产生强度裂缝。

(5) 水泥干缩性大；混凝土配合比不合理，水胶比大；材料计量不准确；养护不及时。

(6) 混凝土施工时，振捣不均匀，选项B错误。

选用干缩性较小的硅酸盐水泥或普通硅酸盐水泥可以预防横向裂缝，选项A错误。

考点 4　水泥混凝土路面断板的防治

【答案】B

【解析】水泥混凝土路面断板的预防措施有：

(1) 做好压缝并及时切缝。

(2) 控制交通车辆。

(3) 合格的原材料是保证混凝土质量的必要条件。

(4) 强度、水稳性、基层标高及平整度的控制。

(5) 施工工艺的控制。

(6) 边界影响的控制。

第三章　桥涵工程

第一节　桥梁工程

考点 1　桥梁构造与施工准备

1.【答案】BCD

【解析】桥梁下部结构包括桥墩、桥台和基础。

2.【答案】A

【解析】桥梁附属设施包括桥面系、伸缩缝、桥头搭板和锥形护坡等。

3.【答案】BD

【解析】桥梁由上部结构、下部结构、支座系统和附属设施四个基本部分组成。

4.【答案】C

【解析】对于具有支座的桥梁，计算跨径是指桥跨结构相邻两个支座中心之间的距离。对于拱式桥，拱圈（或拱肋）各截面形心点的连线称为拱轴线，计算跨径为拱轴线两端点之间的水平距离。

5. 【答案】AC

   【解析】桥下净空高度是设计洪水位或计算通航水位至桥跨结构最下缘间的距离。

6. 【答案】D

   【解析】桥梁高度简称桥高，是指桥面与低水位（或地面）之间的高差，或为桥面与桥下线路路面之间的距离。该桥梁高度＝43.35－27.80＝15.55（m）。

7. 【答案】ABE

   【解析】桥梁按受力体系划分，有梁式、拱式、悬索三大基本体系。

8. 【答案】D

   【解析】梁式体是一种在竖向荷载作用下无水平反力的结构，梁作为主要承重结构是以它的抗弯能力来承受荷载的。

9. 【答案】B

   【解析】拱式桥的主要承重结构是拱圈或拱肋。拱结构在竖直荷载作用下，拱端支撑处（桥墩和桥台）不仅有竖向反力，还有水平推力，这样拱的弯矩比相同跨径的梁的弯矩小得多，而使整个拱主要承受压力。

10. 【答案】A

    【解析】斜拉桥是由承压的塔、受拉的索与承受压弯的梁体组合起来的一种结构体系。

11. 【答案】ABCD

    【解析】按跨越障碍的性质，公路桥梁可分为跨河（海）桥、跨线（立体交叉）桥、高架桥和栈桥。

12. 【答案】ABDE

    【解析】开工前应完成现场的"四通一平"工作。"四通"是指水通、电通、路通、通信通，"一平"是指场地平整。

考点 2 常用模板、支架和拱架设计与施工

1. 【答案】C

   【解析】在模板上设置的吊环应采用 HPB300 钢筋，严禁采用冷加工钢筋制作。每个吊环应按两肢截面计算，在模板自重标准值作用下，吊环的拉应力应不大于 65MPa，选项 C 正确。

2. 【答案】B

   【解析】托架结构宜设置成三角形，且与预埋件的连接固定方式应可靠。

3. 【答案】C

   【解析】结构表面外露的模板，挠度为模板构件跨度的 1/400；结构表面隐蔽的模板，挠度为模板构件跨度的 1/250。

4. 【答案】C

   【解析】支架受载后挠曲的杆件（盖梁、纵梁），其弹性挠度为相应结构跨度的 1/400。

5. 【答案】B

   【解析】当验算模板及其支架在自重和风荷载等作用下的抗倾覆稳定性时，其抗倾覆稳定系数不得小于 1.3。

6. 【答案】CD

   【解析】支架在安装完成后，应对其平面位置、顶部高程、节点连接及纵、横向稳定性进行全面检查，符合要求后，方可进行下一工序。

7. 【答案】A

   【解析】对位于软土地基或软硬不均的地基上的支架，宜通过预压的方式，消除地基的不均匀沉降和支架的非弹性变形。

8. 【答案】ABCE

   【解析】自行设计的普通支架应在适当部位设置相应的木楔、木马、砂筒或千斤顶等卸落模板的装置，并应根据结构形式、承受的荷载大小确定卸落量。

9. 【答案】ABE

   【解析】施工预拱度应考虑下列因素：模板、支架承受施工荷载引起的弹性变形；受载后由于杆件接头的挤压和卸落装置压缩而产生的非弹性变形；支架地基在受载后的沉降变

形。选项C、D属于结构本身需要的预拱度。

10. 【答案】B

【解析】非承重侧模板应在混凝土强度能保证其表面及棱角不致因拆模而受损坏时拆除,一般应在混凝土抗压强度达到2.5MPa时拆除侧模板。

11. 【答案】D

【解析】主要压力杆的接长连接,宜使用对接法,并宜采用木夹板或铁夹板夹紧;次要构件的连接可采用搭接法,选项A正确。对位于刚性地基上的刚度较大,且非弹性变形可确定控制在一定范围内的支架,在经计算并通过一定审核程序,确认其满足强度、刚度和稳定性等要求的前提下,可不预压,但在施工过程中应对支架的材料和安装施工质量采取严格的管控措施,选项B正确。对支架进行预压时,预压荷载宜为支架所承受荷载的1.05~1.10倍,选项C正确。设置的预拱度值,应包括结构本身需要的预拱度和施工需要的预拱度两部分,选项D错误。

12. 【答案】A

【解析】模板、支架的拆除应遵循后支先拆、先支后拆的原则顺序进行,选项A错误。拆除梁、板等结构的承重模板时,在横向应同时、在纵向应对称均衡卸落。简支梁、连续梁结构的模板宜从跨中向支座方向依次循环卸落。悬臂梁结构的模板宜从悬臂端开始顺序卸落。

13. 【答案】C

【解析】现浇混凝土拱圈的拱架,其拆除期限应符合设计规定;设计未规定时,应在拱圈混凝土强度达到设计强度的85%后,方可卸落拆除。

考点 3 钢筋和混凝土施工

1. 【答案】B

【解析】弯钩平直部分的长度,一般结构不宜小于箍筋直径的5倍。

2. 【答案】B

【解析】钢筋接头采用搭接电弧焊时,两钢筋搭接端部应预先折向一侧,使两接合钢筋轴线一致,选项A正确,选项B错误。受力钢筋焊接或绑扎接头应设置在内力较小处,并错开布置,选项C、D正确。

3. 【答案】ABDE

【解析】预应力钢筋进场时应分批验收,验收时,除应对其质量证明书、包装、标志和规格等进行检查外,尚须按下列规定进行检查:
(1) 钢丝分批检验时每批质量应不大于60t。
(2) 钢绞线分批检验时每批质量应不大于60t,选项C错误。检验时应从每批钢绞线中任取3盘,并从每盘所选的钢绞线端部正常部位截取一组试样进行表面质量、直径偏差和力学性能试验。
(3) 热轧带肋钢筋分批检验时每批质量应不大于100t。

4. 【答案】D

【解析】预应力筋的下料,应采用切断机或砂轮锯切断,严禁采用电弧切割。

5. 【答案】ABD

【解析】钢筋应平直,无局部弯折,成盘的钢筋和弯曲的钢筋均应调直才能使用,选项A正确。钢筋的连接宜采用焊接接头或机械连接接头,选项B正确。轴心受拉和小偏心受拉构件不应采用绑扎接头,选项C错误。每批钢筋焊接前,应先选定焊接工艺和焊接参数,按实际条件进行试焊,并检验接头外观质量及规定的力学性能,试焊质量经检验合格后方可正式施焊,选项D正确。受力钢筋焊接或绑扎接头应设置在内力较小处,并错开布置,选项E错误。

6. 【答案】AE

【解析】混凝土拌合物运至灌注地点时,应检查其均匀性和坍落度等,如不符合要求,应进行第二次搅拌,二次搅拌后仍不符合要求时,不得使用。

7. 【答案】C

【解析】在进行混凝土强度试配和质量检测时，混凝土的抗压强度应以边长为150mm的立方体尺寸标准试件测定。

8.【答案】D
【解析】当工程需要获得较大的坍落度时，可在不改变混凝土的水胶比、不影响混凝土的质量的情况下，适当掺加外加剂。

9.【答案】D
【解析】泵送混凝土应选用硅酸盐水泥、普通硅酸盐水泥，不宜使用火山灰质硅酸盐水泥。

10.【答案】DE
【解析】大体积混凝土的温度控制宜按照"内降外保"的原则，选项A错误。粗集料宜采用连续级配，细集料宜采用中砂，选项B错误。宜采取改善粗集料级配、提高掺合料和粗集料的含量、降低水胶比等措施，选项C错误。

11.【答案】D
【解析】预应力材料必须保持清洁，在存放和搬运过程中应避免机械损伤和有害的锈蚀。如进场后长时间存放，必须安排定期的外观检查，选项A正确。预应力钢筋和金属管道在仓库内保管时，仓库应干燥、防潮、通风良好、无腐蚀气体和介质，选项D错误。在室外存放时，时间不宜超过6个月，不得直接堆放在地面上，必须采取垫以枕木并用苫布覆盖等有效措施，防止雨露和各种腐蚀性气体、介质的影响，选项B、C正确。

12.【答案】C
【解析】张拉用的千斤顶与压力表应配套标定、配套使用，当处于下列情况之一时，应重新进行标定：
（1）使用时间超过6个月。
（2）张拉次数超过300次。
（3）使用过程中千斤顶或压力表出现异常情况。
（4）千斤顶检修或更换配件后。

13.【答案】CDE

【解析】张拉用的千斤顶与压力表应配套标定、配套使用，当处于下列情况之一时，应重新进行标定：
（1）使用时间超过6个月。
（2）张拉次数超过300次。
（3）使用过程中千斤顶或压力表出现异常情况。
（4）千斤顶检修或更换配件后。

14.【答案】C
【解析】预应力筋采用应力控制方法张拉时，应以伸长值进行校核。

15.【答案】B
【解析】预应力筋采用应力控制方法张拉时，应以伸长值进行校核，实际伸长值与理论伸长值的差值应符合设计要求，设计无规定时，实际伸长值与理论伸长值的差值应控制在±6%以内。

16.【答案】B
【解析】ΔL_1：从初应力至最大张拉应力间的实测伸长值（mm）；ΔL_2：初应力以下的推算伸长值（mm），可采用相邻级的伸长值。

17.【答案】D
【解析】先张法预制梁板时，承力台座由混凝土筑成，应有足够的强度、刚度和稳定性。锚固横梁应有足够的刚度，受力后挠度应不大于2mm。

18.【答案】D
【解析】先张法预制梁板施工工艺流程：张拉台座准备→穿预应力筋、调整初应力→张拉预应力筋→钢筋骨架制作→立模→浇筑混凝土→混凝土养护→拆模→放松预应力筋→成品存放、运输。

19.【答案】D
【解析】同时张拉多根预应力筋时，应预先调整其初应力，使相互之间的应力一致，再整体张拉。预应力筋张拉完毕后，其位置与设计位置的偏差不得大于5mm，同时不应大于构件最短边长的4%，且宜在4h内浇筑混凝土。张拉时，同一构件内预应力钢丝、钢绞线的断丝数量不得超过总数的1%，同时对于热轧带肋钢筋不容许断筋，选项D错误。

20. 【答案】D

【解析】锚固完毕并经检验确认合格后方可切割端头多余的预应力筋，选项A错误。切割时应采用砂轮锯，严禁采用电弧进行切割，同时不得损伤锚具，选项B错误。切割后预应力筋的外露长度不应小于30mm，且不应小于1.5倍预应力筋直径，选项C错误。锚具应采用封端混凝土保护，当需长期外露时，应采取防止锈蚀的措施，选项D正确。

21. 【答案】C

【解析】预应力筋张拉锚固后，孔道应尽早压浆，且应在48h内完成，否则应采取避免预应力筋锈蚀的措施。

考点 4 桥梁下部结构施工

1. 【答案】B

【解析】静力压桩法在标准贯入度N＜20的软黏土中使用。锤击沉桩法一般适用于松散、中密砂土、黏性土。振动沉桩法一般适用于砂土、硬塑及软塑的黏性土、中密及较松的碎石土。射水沉桩法适用在密实砂土、碎石的土层中，用锤击沉桩法或振动沉桩法有困难时，可用射水沉桩法配合进行。

2. 【答案】C

【解析】沉入桩的施工方法主要有锤击沉桩、振动沉桩、射水沉桩等。

3. 【答案】C

【解析】挖孔灌注桩适用于无地下水或有少量地下水，且较密实的土层或风化岩层中，或无法用机械成孔或机械成孔非常困难且水文、地质条件允许的地区，可采用人工挖孔施工。空气污染地区，污染物超过标准且无通风措施时，不得采用人工挖孔施工，如果采取通风措施，空气质量满足要求时，可以采用人工挖孔施工。

4. 【答案】C

【解析】孔口处应设置高出地面不小于300mm的护圈，并应设置临时排水沟，防止地表水流入孔内。

5. 【答案】DE

【解析】桩孔内遇岩层需爆破作业时，应进行专项爆破设计，且宜采用浅眼松动爆破法，选项D错误。桩孔内爆破后应先通风排烟15min并经检查确认无有害气体后，施工人员方可进入孔内继续作业，选项E错误。

6. 【答案】C

【解析】反循环回转钻孔，泥浆是从上向下流动，孔壁坍塌的可能性较正循环法大，为此需用较高质量的泥浆。

7. 【答案】C

【解析】反循环回转钻孔与正循环法不同的是，泥浆输入钻孔内，然后泥浆挟带钻渣从钻头的钻杆下口吸进，通过钻杆中心排出至沉淀池内。

8. 【答案】B

【解析】在钻孔达到设计要求深度后，应采用适当器具对孔深、孔径和孔的倾斜度进行检验，符合规范要求后，方可清孔。

9. 【答案】C

【解析】水下混凝土一般用钢导管灌注，导管内径为200～350mm，视桩径大小而定。导管使用前应进行水密承压和接头抗拉试验，严禁用压气试压。

10. 【答案】C

【解析】土石围堰顶面的高程应高出施工期间可能出现的最高水位（包括浪高）0.5～0.7m。

11. 【答案】D

【解析】深基坑四周距基坑边缘不小于1m处应设立钢管护栏、挂密目式安全网，靠近道路侧应设置安全警示标志和夜间警示灯带。

12. 【答案】A

【解析】对基坑开挖深度小于10m的较完整中风化基岩，可直接喷射混凝土加固坑壁。喷射混凝土之前应将坑壁上的松散层或岩渣清理干净。

13. 【答案】ABDE

【解析】对于一般软弱地基土层，加固处理方法可归纳为四种类型：①换填土法；②挤密土法；③胶结土法；④土工聚合物法。

14. 【答案】B

【解析】采用井点降水法排水时，井管的成孔可根据土质分别采用射水成孔或冲击钻机、旋转钻机及水压钻探机成孔。井点降水曲线应低于基底设计高程或开挖高程至少 0.5m。

15. 【答案】A

【解析】钢板桩围堰施打顺序应按既定的施工技术方案进行，并宜从上游开始分两头向下游方向合龙。

16. 【答案】D

【解析】围堰的平面尺寸宜根据承台的结构尺寸、安装及放样误差等确定，且宜满足承台施工操作空间的需要，围堰内侧距承台边缘的净距宜不小于1m（围堰内侧兼作模板时除外）。

17. 【答案】C

【解析】钢套箱内的排水应在封底混凝土符合设计规定的强度后或达到设计强度的80%及以上时方可进行，在封底混凝土未达到规定强度之前，应打开套箱上设置的连通器，保持套箱内外水头一致，排水时不应过快（选项C错误），并应在排水过程中加强对套箱情况变化的监测；对有底钢套箱，必要时可设反压装置抵抗过大的浮力。

18. 【答案】B

【解析】钢筋混凝土桥墩分节施工时，上一节段施工时，已浇筑节段的混凝土强度应不低于2.5MPa。各节段之间浇筑混凝土的间歇期宜控制在7d以内。

19. 【答案】D

【解析】砌体的砌筑施工要求应符合下列规定：

(1) 砌块在使用前应浇水湿润，砌块的表面如有泥土、水锈，应清洗干净。

(2) 砌筑基础的第一层砌块时，如基底为土质，可直接坐浆砌筑；如基底为岩层或混凝土地基，应先将基底表面清洗、湿润，再坐浆砌筑。

(3) 砌体宜分层砌筑，砌体较长时可分段分层砌筑，但两相邻工作段的砌筑高差宜不超过1.2m；分段位置宜设在沉降缝或伸缩缝处，各段的水平缝应一致。

(4) 各砌层应先砌外圈定位行列，再砌筑里层，其外圈砌块应与里层砌块交错连成一体。

20. 【答案】D

【解析】桥涵台背填土的压实度应不小于96%。

考点 5　桥梁上部结构施工

1. 【答案】C

【解析】装配式桥的构件在脱底模、移运、存放和吊装时，混凝土的强度应不低于设计规定的吊装强度；设计未规定时，应不低于设计强度的80%。

2. 【答案】ACD

【解析】构件的存放应符合下列规定：

(1) 存放台座应坚固稳定，且宜高出地面200mm以上（选项A正确）。存放场地应有相应的防排水设施，并应保证梁、板等构件在存放期间不致因支点沉陷而受到损坏。

(2) 梁、板构件存放时，其支点应符合设计规定的位置，支点处应采用垫木和其他适宜的材料进行支承（选项C正确），不得将构件直接支承在坚硬的存放台座上（选项B错误）；存放时混凝土养护期未满的，应继续养护。

(3) 构件应按其安装的先后顺序编号存放，预应力混凝土梁、板的存放时间不宜超过3个月，特殊情况下不应超过5个月。

(4) 当构件多层叠放时，层与层之间应以垫木隔开，各层垫木的位置应设在设计规定的支点处，上下层垫木应在同一条竖直线上（选项E错误）；叠放的高度宜按构件强度、台座地基的承载力、垫木强度及叠放的稳定性等经计算确定，大型构件宜为2层，不应超过3层，小型构件宜为6~10层（选项D正确）。

（5）雨季或春季融冻期间，应采取有效措施防止因地面软化下沉而造成构件断裂及损坏。

3.【答案】B

【解析】预制梁、板存放时间超过3个月时，应对梁、板的上拱度值进行检测，当上拱度值过大将会严重影响后续桥面铺装施工或梁、板混凝土产生严重开裂时，则不得使用。

4.【答案】B

【解析】采用架桥机进行安装作业时，其抗倾覆稳定系数应不小于1.3；架桥机过孔时，应将起重小车置于对稳定最有利的位置，且抗倾覆稳定系数应不小于1.5；不得采用将梁、板吊挂在架桥机后部配重的方式进行过孔作业。

5.【答案】ADE

【解析】先简支后连续的梁，其施工应符合下列规定：对湿接头处的梁端，应按施工缝的要求进行凿毛处理，选项A正确。永久支座应在设置湿接头底模之前安装，选项B错误。湿接头的混凝土宜在一天中气温相对较低的时段浇筑，且一联中的全部湿接头应尽快浇筑完成，选项C错误。湿接头混凝土的养护时间应不少于14d，选项D正确。湿接头按设计要求施加预应力、孔道压浆且浆体达到规定强度后，应立即拆除临时支座，按设计规定的顺序完成体系转换。同一片梁的临时支座应同时拆除，选项E正确。

6.【答案】ADE

【解析】地基处理形式有地基换填压实、混凝土条形基础、桩基础加混凝土横梁等。

7.【答案】ACD

【解析】现浇箱梁模板由底模、侧模及内模三部分组成，一般预先分别制作成组件，在使用时再进行拼装，模板以钢模板为主，在齿板、堵头或棱角处采用木模板。

8.【答案】D

【解析】支架应根据技术规范的要求确定是否采取预压措施，以收集支架、地基的变形数据，作为设置预拱度的依据。预拱度设置时要考虑张拉上拱的影响，预拱度一般按二次抛物线设置。对高度超过8m、跨度超过18m的支架，应对其稳定性进行安全论证，确认无误后方可施工，选项D错误。

9.【答案】B

【解析】混凝土的浇筑应符合下列要求：

（1）箱梁施工前，应做混凝土的配合比设计及各种材料试验，并报请监理工程师批准，并根据实际情况进行综合比较确定箱梁混凝土采用一次或二次浇筑方式，选项A正确。

（2）在直线段一次浇筑长度超过70m时（对于小半径匝道，长度可以适当减小），宜分段浇筑，防止混凝土因收缩和温度变化等因素引起开裂，纵向分段接缝宜设在1/5跨的弯矩零点附近，选项B错误，选项C正确。

（3）混凝土浇筑时要安排好浇筑顺序，其浇筑速度要确保下层混凝土初凝前覆盖上层混凝土。梁桥现浇施工时，梁体混凝土在顺桥向宜从低处向高处进行浇筑，在横桥向宜对称进行浇筑，选项D正确。

混凝土如采用分次浇筑，第二次混凝土浇筑时，应将接触面上第一次混凝土凿毛，清除浮浆。

10.【答案】A

【解析】箱梁预应力的张拉采用双控，即以张拉力控制为主，以钢束的实际伸长量进行校核。

考点 6　桥面及附属工程施工

1.【答案】D

【解析】桥梁支座是连接桥梁上部结构和下部结构的重要结构部件，位于桥梁上部结构和垫石之间。

2.【答案】B

【解析】沥青混凝土桥面铺筑前应洒布粘层沥青。

3.【答案】ABD

【解析】防撞护栏应在桥面的两侧对称进行施工。对就地现浇的防撞护栏，宜在顺桥向每间隔5～8m设一道断缝或假缝；在温差较大的地区，断缝或假缝的设置间距宜再适当减小（选项C错误）。宜采用坍落度较低的干硬性混凝土，浇筑时应分层进行，分层厚度宜不超过200mm（选项E错误）。

第二节　涵洞工程

考点 1　涵洞的组成和分类

1.【答案】BC

【解析】涵洞由洞身和洞口两部分组成，洞口包括进口和出口。

2.【答案】CD

【解析】涵洞的附属工程包括锥形护坡、铺砌、路基边坡铺砌及人工水道等。

3.【答案】ABDE

【解析】按构造形式不同，涵洞分为圆管涵、拱涵、盖板涵、箱涵等。选项C属于混淆选项，不属于涵洞的分类内容。

4.【答案】ACDE

【解析】涵洞按建筑材料分类，常用的有石涵、砖涵、混凝土涵、钢筋混凝土涵，有时也可以用木涵、陶瓷管涵、缸瓦管涵、铸铁管涵、波纹钢涵洞等。

5.【答案】ABE

【解析】按水力性能分类，涵洞分为无压涵、半压力涵和压力涵。

考点 2　涵洞施工

1.【答案】D

【解析】混凝土和钢筋混凝土圆管涵施工主要工序为：测量放线→基坑开挖→砌筑坑工基础或现浇混凝土管座基础→安装圆管→出入口浆砌→防水层施工→涵洞回填及加固。

2.【答案】ABD

【解析】波纹钢管不得直接置于岩石地基或混凝土基座上，应设置砂砾垫层或其他适宜材料；对软土地基进行处理，填筑一层厚度不小于200mm的砂砾垫层并夯实紧密，方可安装管节，选项C错误。管涵中心的高程应不高于进水口的高程，选项E错误。

3.【答案】BDE

【解析】除设置在岩石地基上的涵洞外，涵洞的洞身及基础应根据地基土的情况，按设计要求设置沉降缝，且沉降缝处的两端面应竖直、平整，上下不得交错，选项A、C正确，选项B错误。填缝料应具有弹性和不透水性，并应填塞紧密，选项D、E错误。

4.【答案】C

【解析】拱圈砌筑砂浆或混凝土强度达到设计强度的85%时，方可拆除拱架；达到设计强度100%后，方可进行拱顶填土。

5.【答案】C

【解析】盖板涵施工主要工序为：测量放线→基坑开挖→下基础→浆砌墙身→现浇板座→吊装盖板→出入口浆砌→防水层施工→涵洞回填及加固。

6.【答案】D

【解析】箱涵施工时，设计无具体要求的，混凝土强度达到设计强度的85%时，方可拆除支架；达到设计强度的100%后，方可进行涵顶回填。

7.【答案】D

【解析】台背和涵洞洞身两侧的填土应分层夯实，其压实度不应小于96%。

8.【答案】ABD

【解析】桥涵台背、锥坡、护坡及拱上各种填料，宜采用透水性材料，不得采用含有泥草、腐殖物或冻土块的土；透水性材料不足时，可采用石灰土或水泥稳定土回填，选项A错误。桥台台背采用水平分层填筑的方法，以人工摊铺为主，分层松铺厚度宜小于20cm，选项B错误。压实尽量使用大型机械，在临近桥台边缘或狭窄地段，则采用小型夯压机械，分薄层认真夯压密实，选项C正确。桥台台背和锥坡的回填施工宜同步进行，一次填足并保证压实整修后能达到设计宽度要求，选项D错误。为保证填土与桥台衔接处的压实质量，施工中可采用夯压机械横向碾压的方法，选项E正确。

第三节 桥涵工程质量通病及防治措施

考点 1 钻孔灌注桩断桩的防治

1.【答案】ABCD

【解析】选项E是断桩的防治措施，其他选项都可能会导致钻孔灌注桩断桩。

2.【答案】B

【解析】在灌注过程中，导管的埋置深度一般控制在 2.0～6.0m 的范围内，防止导管埋置深度过深。

考点 2 钢筋混凝土梁桥预拱度偏差的防治

【答案】A

【解析】预拱度偏差防治措施有：提高支架基础、支架及模板的施工质量，选项A正确。加强施工控制，及时调整预拱度误差，选项B错误。严格控制张拉时的混凝土强度，控制张拉的试块应与梁板同条件养护，选项C错误。预制梁存梁时间不宜过长，选项D错误。

考点 3 钢筋混凝土结构构造裂缝的防治

【答案】DE

【解析】合理设计混凝土的配合比，改善集料级配，降低水胶比，掺加粉煤灰等混合材料，掺加缓凝剂；采用遮阳凉棚的降温措施以降低混凝土水化热，推迟水化热峰值出现等都属于钢筋混凝土结构构造裂缝的防治措施。

考点 4 桥头跳车的防治

1.【答案】B

【解析】桥头跳车的防治措施有：
（1）改善地基性能，提高地基承载力，减少地基沉降。

（2）桥台基坑采用合适的小型压实机械夯实，选用优质回填料。
（3）对桥头路堤及堆坡范围内地表做好填前处理，清除地表不适宜填筑路堤的表土。
（4）路堤提前施工，留有必要的自然固结沉降期，选项A正确。
（5）台后填料选择透水性砂砾料或石灰、水泥改善料，控制填土含水率，提高桥头路基压实度，选项B错误。
（6）做好桥头路堤的排水、防水工程，设置桥头搭板，选项C、D正确。
（7）保证足够的台前预压长度，连续进行沉降观测，保证桥头沉降速率达到规定范围内再卸载。确保桥头软基处理深度符合要求，严格控制软基处理质量。

2.【答案】D

【解析】选项D，桥台基坑采用小型压实机械夯实是桥头跳车的防治措施。

考点 5 涵洞基础不均匀沉降的防治

1.【答案】D

【解析】基础混凝土浇筑施工前，对被水泡软的地基进行换填处理，将基坑积水排除抽干再浇筑基础混凝土。

2.【答案】CDE

【解析】涵洞基础不均匀沉降形成的主要原因有：
（1）挖基坑时，标高未控制好，超挖回填不符合要求。
（2）基坑开挖时防排水措施不到位，排水不及时造成基底被水浸泡承载力降低等。
（3）基坑积水未抽干即浇筑基础混凝土。
（4）涵洞基坑开挖后没有检测基底承载力。
（5）分离式基础涵洞的基底换填处理未同步施工。
（6）未按设计要求设置沉降缝，或基础、墙身、顶板的沉降缝上下不贯通，存在错台。
（7）涵洞回填材料选择不当，或填土含水率过大。
（8）软基路段处涵洞基底处理深度不到位，

质量不符合设计要求。

选项A、B属于涵洞基础不均匀沉降的防治措施。

第四章 隧道工程
第一节 隧道围岩分级与隧道构造

考点 1　隧道围岩分级

1. 【答案】C

   【解析】Ⅳ级围岩的主要定性特征为：坚硬岩，岩体破碎；较坚硬岩，岩体较破碎～破碎；较软岩，岩体较完整～较破碎；软岩，岩体完整～较完整。

2. 【答案】A

   【解析】Ⅱ级围岩：坚硬岩，岩体较完整；较坚硬岩，岩体完整。围岩基本质量指标为550～451。

3. 【答案】B

   【解析】Ⅲ级围岩：坚硬岩，岩体较破碎，较坚硬岩，岩体较完整；较软岩，岩体完整，整体状或巨厚层状结构。围岩基本质量指标为450～351。

4. 【答案】D

   【解析】岩体基本质量指标$BQ \leqslant 250$属于Ⅴ级围岩。

5. 【答案】C

   【解析】岩质围岩详细定级时，应根据地下水、主要软弱结构面、初始应力状态的影响程度，对岩体基本质量指标BQ进行修正。

6. 【答案】D

   【解析】根据岩石的坚硬程度和岩体完整程度两个基本因素的定性特征和定量的岩体基本质量指标BQ，进行初步分级。岩质围岩详细定级时，应根据地下水、主要软弱结构面、初始应力状态的影响程度，对岩体基本质量指标BQ进行修正。

7. 【答案】ABE

   【解析】岩质围岩详细定级时，应根据地下水、主要软弱结构面、初始应力状态的影响程度，对岩体基本质量指标BQ进行修正。

考点 2　隧道构造

1. 【答案】AC

   【解析】公路隧道结构构造，由主体构造物和附属构造物两大类组成。洞身衬砌是主体构造物的一部分，洞门、照明及安全设备属于附属构造物。

2. 【答案】D

   【解析】洞门构造物是隧道的主体构造物。

3. 【答案】C

   【解析】中等跨度隧道包括$14m \leqslant B$（开挖宽度，m）$<18m$的隧道，如单洞三车道、单洞两车道＋紧急停车带隧道。

4. 【答案】C

   【解析】洞口仰坡坡脚至洞门墙背的水平距离不应小于1.5m。

5. 【答案】C

   【解析】公路隧道按长度进行分类，可分为特长隧道、长隧道、中隧道和短隧道四类。中隧道的长度为：$500m < L \leqslant 1000m$。

6. 【答案】A

   【解析】在隧道洞口，洞门端墙墙顶应高出墙背回填面0.5m。

7. 【答案】AB

   【解析】公路隧道的洞门形式主要有两类，即端墙式洞门和明洞式洞门。

8. 【答案】ABCD

   【解析】端墙式洞门包括墙式洞门、翼墙式洞门、台阶式洞门、柱式洞门、拱墙式洞门。选项E属于明洞式洞门。

9. 【答案】D

   【解析】洞门端墙和翼墙应具有抵抗来自仰坡、边坡土压力的能力。洞门墙墙身最小厚度不应小于0.5m，翼墙墙身厚度不应小于0.3m。

10. 【答案】ACE

    【解析】路基或隧道洞口或路堑地段受塌方、岩堆、落石、泥石流等不良地质危害时；修建路堑会危及附近重要建（构）筑物安全时；公路、铁路、沟渠和其他人工构造物在隧道上方通过，不宜采用暗挖施工或立交桥跨越时；为减少洞口开挖、保护洞口自然景观，需延伸隧道长度时，宜设置明洞，选项A正确。明洞结构类型分为拱形明洞和矩形明洞，选项B错误。洞顶回填土层较厚或一次塌方量大、落石较多时，宜采用拱形明洞；明洞需要克服来自仰坡方向滑坡推力时，宜采用拱形结构；高度受到限制的地段，可采用矩形框架明洞，选项D错误，选项C、E正确。

11. 【答案】CDE

【解析】隧道衬砌按隧道断面形状分为曲墙式、直墙式和连拱式等。

12. 【答案】A

【解析】隧道衬砌形式主要有锚喷衬砌、整体式衬砌和复合式衬砌。高速公路、一级公路、二级公路的隧道应采用复合式衬砌（选项A错误）；三级及三级以下公路的隧道洞口段、Ⅳ～Ⅴ级围岩洞身段应采用复合式衬砌或整体式衬砌；Ⅰ～Ⅲ级围岩洞身段可采用喷锚衬砌。隧道衬砌断面形式常用的有曲墙拱形衬砌和直墙拱形衬砌。

第二节 隧道地质超前预报和监控量测技术

考点 1　隧道地质超前预报

1. 【答案】ABCD

【解析】地质超前预报应包括（但不限于）以下内容：
(1) 地层岩性预报，特别是对软弱夹层、破碎地层、煤层及特殊性岩土的岩性预报。
(2) 地质构造预报，特别是对断层、节理裂隙密集带、褶皱等影响岩体完整性的构造发育情况的预报。
(3) 不良地质预报，特别是对溶洞、人为坑洞、瓦斯等发育情况的预报。
(4) 地下水预报，特别是对岩溶管道水以及富水断层、富水褶皱轴、富水地层中的裂隙水等发育情况的预报。

2. 【答案】A

【解析】地质调查法是隧道地质超前预报的

基础工作，适用于各种地质条件下的隧道超前地质预报，调查内容应包括隧道地表补充地质调查和隧道内地质素描，选项A正确。选项B、C、D属于物探法，适用于地质条件复杂和存在多种干扰因素的隧道，是地质超前预报的重要手段。

3. 【答案】ABC

【解析】物探法适用于地质条件复杂和存在多种干扰因素的隧道，是地质超前预报的重要手段。主要方法包括弹性波反射法、地质雷达法、高分辨直流电法等。

4. 【答案】D

【解析】富水构造破碎带、富水岩溶发育地段、煤系或油气地层、瓦斯发育区、采空区以及重大物探异常地段等地质复杂隧道和水下隧道必须采用超前钻探法预测、预报、评价前方地质情况。

5. 【答案】B

【解析】超前地质钻探法应结合地质调查和物探报告综合预报，宜采用中距离钻探，必要时可采用长距离钻探，连续钻探时前后两次宜重叠5～10m。

6. 【答案】ABCD

【解析】根据地质复杂程度，包括岩溶发育程度、涌水涌泥程度、断层稳定程度、地应力影响程度和瓦斯影响程度，地质预测预报分为A、B、C和D四个等级。

7. 【答案】BCD

【解析】地质超前预报按预报长度可分为短距离预报、中距离预报、长距离预报三类。

8. 【答案】B

【解析】长距离预报的预报长度大于等于100m，可采用地质调查法、弹性波反射法及超前地质钻探法等。

考点 2　隧道施工监控量测

1. 【答案】B

【解析】隧道现场监控量测必测项目有五项，分别为洞内、外观察，周边位移，拱顶下沉，地表下沉，拱脚下沉。锚杆轴力属于选测项目。

2. 【答案】AB

   【解析】隧道现场监控量测必测项目有五项，分别为洞内、外观察，周边位移，拱顶下沉，地表下沉，拱脚下沉。

3. 【答案】D

   【解析】地表下沉采用水准测量的方法，工具为水准仪、铟钢尺等。

4. 【答案】BC

   【解析】隧道现场监控量测时，测量周边位移使用的工具有各种类型收敛计、全站仪或其他非接触量测仪器。

5. 【答案】C

   【解析】地表水平位移项目属于选测项目。

6. 【答案】CE

   【解析】洞内必测项目，各测点宜在靠近掌子面、不受爆破影响范围内尽快安设，初读数应在每次开挖后12h内、下一循环开挖前取得，最迟不得超过24h。

7. 【答案】A

   【解析】围岩稳定性应根据监控量测结果判定，如果实测位移值（U）＜设计极限位移值（U_0）的1/3，则可正常施工。

8. 【答案】D

   【解析】根据位移速率判断围岩稳定性：速率大于1.0mm/d时，围岩处于急剧变形状态，应加强初期支护；速率变化在0.2～1.0mm/d时，应加强观测，做好加固的准备；速率小于0.2mm/d时，围岩达到基本稳定。

9. 【答案】AC

   【解析】初期支护承受的应力、应变、压力实测值与允许值之比大于或等于0.8时，围岩不稳定，应加强初期支护；初期支护承受的应力、应变、压力实测值与允许值之比小于0.8时，围岩处于稳定状态。

第三节　隧道施工

考点 1　隧道施工准备与施工测量

1. 【答案】BDE

   【解析】隧道施工场地布置应遵循因地制宜、统一规划、安全方便、节地环保的原则，并应符合下列规定：

   （1）应考虑工程规模、工期、地形特点、弃渣场和水源等情况。

   （2）应事先规划，以洞口为中心布置并减少与现有道路交叉和干扰。

   （3）应不影响隧道和其他工程施工。

   （4）运输便道、场区道路和临时排水设施等，应统一规划、合理布局、形成网络。

   （5）隧道洞外宜设置机械设备安装、维修和停放的场地。

   （6）砂石料应分仓存放。大宗材料、施工备品及回收材料堆放场地，应满足使用要求。

   （7）施工场地周边开挖应采取降低开挖高度和面积、挡护等保持边坡稳定措施。

   （8）施工场地周边应有防治边坡失稳、崩塌、落石危害的措施。

2. 【答案】C

   【解析】当洞内有瓦斯等易燃易爆气体时，测量前需检测测点附近20m范围内瓦斯等易燃易爆气体浓度，小于0.5％时方可进行测量作业。

考点 2　隧道洞口、明洞施工

1. 【答案】D

   【解析】洞门两侧端墙砌筑与回填应两侧对称进行，不得对衬砌产生偏压。

2. 【答案】A

   【解析】洞口开挖与防护应符合下列规定：

   （1）洞口边坡及仰坡应自上而下开挖，不得掏底开挖或上下重叠开挖，选项A错误。

   （2）宜采用人工配合机械开挖，或者采用控制爆破措施减少对边仰坡及围岩的扰动。

   （3）边仰坡防护应及时施作。

   （4）应随时检查监测边坡和仰坡的变形状态。

3. 【答案】B

   【解析】拱背回填应对称分层夯实，分层厚度不得大于0.3m，两侧回填高差不应大于

0.5m，回填到拱顶以上 1.0m 后，方可采用机械碾压。

4. 【答案】C

【解析】明洞回填施工应遵循对称均衡原则，并应符合下列规定（部分）：

（1）明洞拱背回填应在外模拆除、防水层和排水盲管施工完成后进行。人工回填时，拱圈混凝土强度应不小于设计强度的 75%。机械回填时，拱圈混凝土强度应不小于设计强度。

（2）洞门顶排水沟砌筑在填土上时，应在夯实后砌筑，选项 C 错误。

考点 3　隧道开挖

1. 【答案】C

【解析】土质和软弱破碎围岩，两开挖面间距达到 3.5 倍隧道跨度时，应改为单向开挖；围岩条件较好地段，两开挖面间距达到 2.5 倍隧道跨度时，应改为单向开挖。

2. 【答案】A

【解析】全断面法适用于Ⅰ～Ⅲ级围岩的隧道。

3. 【答案】ADE

【解析】环形开挖留核心土法施工应符合下列规定：

（1）台阶开挖高度宜为 2.5～3.5m，选项 A 正确。

（2）环形开挖每循环进尺，Ⅴ级围岩宜不大于 1 榀钢架间距（选项 B 错误），Ⅳ级围岩宜不大于 2 榀钢架间距。中下台阶每循环进尺，不得大于 2 榀钢架间距。核心土面积宜不小于断面面积的 50%（选项 C 错误）。

（3）拱部超前支护完成后，方可开挖上台阶环形导坑；留核心土长度宜为 3～5m，宽度宜为隧道开挖宽度的 1/3～1/2（选项 D 正确）。

（4）核心土与下台阶开挖应在上台阶支护完成且喷射混凝土强度达到设计强度的 70% 后进行（选项 E 正确）。

4. 【答案】D

【解析】当采用钢架支撑时，如围岩变形较大，支撑可能沉落或局部支撑难以拆除时，应适当加大开挖断面，预留支撑沉落量，保证衬砌设计厚度。

5. 【答案】B

【解析】沿设计轮廓线的均匀超挖，有钢架时，可采用喷射混凝土回填，或增大钢架支护断面尺寸，使钢架贴近开挖轮廓，在施工二次衬砌时，以二次衬砌混凝土回填，选项 B 错误。

6. 【答案】C

【解析】光面爆破和预裂爆破的相同点包括：光面爆破和预裂爆破均是控制爆破的方法。通过控制能量释放，有效控制破裂方向和破坏范围，使隧道达到稳定、平整的设计要求。光面爆破有两个自由面，预裂爆破只有一个自由面，这是两者的不同之处，选项 C 错误。

7. 【答案】BCE

【解析】炮孔布置应符合下列规定：

（1）掏槽孔宜布置在开挖断面的中央稍靠下部，选项 A 错误。

（2）开挖断面底面两隅处，宜合理布置辅助孔，适当增加药量，消除爆破死角。断面顶部应控制药量，选项 B 正确。

（3）两个掏槽孔间距不宜小于 200mm，选项 C 正确。

（4）在岩层层理或节理发育时，斜孔掏槽的炮孔方向宜与层理面或节理面垂直，选项 E 正确。

（5）掏槽孔宜比辅助孔孔底深 100～200mm。爆破后开挖面凹凸较大时，应按实际情况调整炮孔深度及装药量，选项 D 错误。

8. 【答案】C

【解析】装药作业应符合下列规定：

（1）严禁装药与钻孔平行作业。

（2）严禁作业人员穿戴化纤衣服。

（3）装药前，无关人员与机具等应撤至安全地点。

(4) 应使用木质或竹质炮棍装药（选项C错误）。非间隔装药各药卷间彼此密接。
(5) 已装药的炮孔应及时堵塞密封。除膨胀岩土地段和寒区隧道外，炮泥宜采用水炮泥、黏土炮泥。严禁用块状材料、煤粉或其他可燃材料作炮泥。

9. 【答案】D
【解析】硬岩的炮孔痕迹保存率应不小于80%，中硬岩的炮孔痕迹保存率应不小于70%，软岩的炮孔痕迹保存率应不小于50%，松散岩土不规定炮孔痕迹保存率，但开挖周边轮廓平整圆顺。

10. 【答案】C
【解析】爆破作业应在上一循环喷射混凝土终凝3h后进行。

11. 【答案】ACDE
【解析】小净距隧道施工需要遵循"少扰动、快加固、勤量测、早封闭"的原则。

12. 【答案】C
【解析】仰拱栈桥应符合下列规定：
(1) 仰拱栈桥宜采用自行式整体栈桥。
(2) 仰拱栈桥液压千斤顶宜设有自锁定装置。
(3) 仰拱栈桥引桥的最大纵向坡度应不大于25%，选项C错误。
(4) 车辆通过栈桥时速度不得大于5km/h。

考点 4 隧道支护与衬砌

1. 【答案】AC
【解析】喷射混凝土作业应符合下列规定：
(1) 喷射混凝土应直接喷在围岩面上，与围岩密贴，受喷面不得填塞杂物。
(2) 喷射混凝土作业应按初喷和复喷混凝土分别进行，复喷混凝土可分层多次施作，选项B错误。
(3) 喷射混凝土应分段、分片、分层由下而上顺序进行，拱部喷射混凝土应对称作业。
(4) 后一层喷射混凝土应在前一层喷射混凝土终凝后进行，若终凝后初喷混凝土表面已蒙上粉尘时，后一层喷射混凝土作业前，受

喷面应吹洗干净，选项D错误。
(5) 喷射混凝土不得挂模喷射，选项E错误。

2. 【答案】D
【解析】在设有系统锚杆的地段，系统锚杆宜在下一循环开挖前完成。锚杆施作时应符合下列规定：
(1) 无钢架地段，锚杆在初喷混凝土、挂钢筋网后施作，或在初喷混凝土、挂钢筋网、复喷后施作。
(2) 有钢架地段，锚杆在初喷混凝土、挂钢筋网、立钢拱架、复喷混凝土后施作，选项D错误。

3. 【答案】A
【解析】型钢钢架加工应符合下列规定：
(1) 型钢钢架应采用冷弯法制造成形，宜在工厂加工，选项A错误。
(2) 型钢钢架每节段宜为连续整体，当节段中出现两段型钢对接焊接时，应在焊缝两侧增加钢板骑缝帮焊，并应进行抗弯抗扭矩试验，每节段对接焊缝数不得大于1。对接焊应在场外完成。
(3) 型钢钢架与连接钢板焊接应采用双面焊。

4. 【答案】D
【解析】拱、墙混凝土应一次连续浇筑，不得采用先拱后墙浇筑，不得先浇矮边墙，选项D错误。

5. 【答案】B
【解析】仰拱衬砌混凝土应整幅一次浇筑成形，不得左右半幅分次浇筑，一次浇筑长度不宜大于5.0m。

6. 【答案】B
【解析】应在明洞混凝土强度达到2.5MPa后拆除外模，明洞混凝土强度达到75%后拆除内模。

考点 5 隧道防水与排水

1. 【答案】B
【解析】隧道施工为反坡排水时，应采用水

泵抽水，并应符合下列规定：

（1）应根据排水距离、坡度、水量和施工组织，编制反坡排水方案，选择排水设备、设置集水坑位置和容积、布置抽水管路。

（2）集水坑位置不得造成围岩失稳和衬砌结构承载能力降低，不应影响隧道内运输。

（3）井下工作水泵的排水能力应不小于1.2倍正常涌水量，并应配备备用水泵；井下备用水泵排水能力应不小于工作水泵排水能力的70%，选项B错误。

（4）高冒水风险隧道反坡施工时，应准备一定的抢险物资、设备，宜设置两个独立的供电系统和排水管路。

（5）应做好停电时的应急排水预案和人员、设备的安全保证措施。

2.【答案】C

【解析】隧道施工期间，围岩地下水位应保持在开挖线以下0.5m。

3.【答案】C

【解析】防水层铺设应符合下列规定：

（1）防水层铺设应超前二次衬砌施工1~2个循环距离衬砌段。

（2）初期支护表面应平顺，应无钢筋和锚杆头外露、尖硬物凸出、错台和急速凹凸现象。

（3）防水层宜利用专用台车铺设。

（4）防水层应环向整幅铺设，拱部和边墙应无纵向搭接，选项C错误。

（5）无纺布与防水板应分别铺挂，无纺布铺挂完成后再挂防水板。

（6）无纺布应采用射钉加热熔垫固定，防水板应采用无钉铺挂，铺挂固定点间距：拱部宜为0.5~0.7m，侧墙宜为0.7~1.0m，在凹处应适当增加固定点。

（7）防水板铺挂时应适当松弛，松弛系数根据超挖情况确定，一般情况取1.1~1.2。

考点 6　隧道通风防尘及水电作业

1.【答案】ABCD

【解析】隧道常用通风方式有抽出式、压入式、送排风并用式、送排风混合式、局部风机等。

2.【答案】D

【解析】隧道供水方案的选择及设备的配置应符合以下要求：

（1）水源的水量应满足工程和生活用水的需要，有高山自然水源时应蓄水利用，水池高度应能保证洞内最后用水点的水压，选项D错误。

（2）水池的容量应有一定的储备量，满足洞内外集中用水的需要。

（3）采用机械站供水时，应有备用的抽水机。

（4）工程和生活用水使用前必须经过水质鉴定。

3.【答案】ACDE

【解析】隧道施工低压供电，应采用220/380V三相五线制电力系统，并且必须符合下列规定：

（1）宜采用总配电箱、分配电箱、末级配电箱三级配电系统，选项A错误。

（2）应采用二级漏电供护系统。

（3）应采用电源中性点直接接地。

（4）应采用TN-S接零保护系统。TN-S接零保护系统供配电不能满足设备安全使用要求时，设备的供配电应符合产品标准对产品使用手册的规定。

考点 7　隧道施工辅助工程措施

1.【答案】ACDE

【解析】围岩大变形地段，可采用地面砂浆锚杆、地表注浆、地面旋喷桩、围岩超前注浆、围岩径向注浆、超前水平旋喷桩、长锚杆、锚索等进行围岩加固。

2.【答案】ABCD

【解析】当隧道掌子面自稳性差、掌子面开挖可能坍塌、拱顶掉块时，可采取封闭开挖面、超前锚杆支护、超前小导管支护、超前管棚支护、超前水平旋喷加固等措施。

3.【答案】D

【解析】超前小导管施工应符合以下规定：
(1) 小导管各项参数应满足设计要求。
(2) 超前小导管尾端应支撑于钢架上，并应焊接牢固。管口应设置止浆阀。
(3) 超前小导管与围岩间出现间隙时，应采用喷射混凝土填满。
(4) 超前小导管内应注满砂浆。
(5) 超前小导管施工完成8h后方可进行开挖，选项D错误。
(6) 开挖时导管间仍有掉块时，应立即补打导管，并应在下一环小导管施工时适当加密。

4. 【答案】D
【解析】隧道安全步距是指隧道仰拱或二次衬砌到掌子面的安全距离，安全步距主要由隧道围岩级别决定。

5. 【答案】D
【解析】仰拱与掌子面的距离，Ⅲ级围岩不得超过90m，Ⅳ级围岩不得超过50m，Ⅴ级及以上围岩不得超过40m。

6. 【答案】A
【解析】软弱围岩及不良地质隧道的二次衬砌应及时施作，二次衬砌距掌子面的距离Ⅳ级围岩不得大于90m，Ⅴ级及以上围岩不得大于70m。

7. 【答案】C
【解析】逃生通道的刚度、强度及抗冲击能力应满足安全要求，逃生通道内径不宜小于0.8m。

考点 8　隧道工程主要质量通病及防治措施

1. 【答案】BCDE
【解析】水害的防治措施包括：
(1) 因势利导，给地下水以可排走的通道，将水迅速地排到洞外。
(2) 将流向隧道的水源截断，或尽可能使其水量减少。
(3) 堵塞衬砌背后的渗流水，集中引导排出。
(4) 合理选择防水材料，严格施工工艺。

2. 【答案】C
【解析】钢筋保护层厚度必须保证不小于30mm，钢筋使用前应做除锈、清污处理。

3. 【答案】ABCE
【解析】隧道发生衬砌裂缝的原因主要有围岩压力不均、衬砌背后局部空洞、衬砌厚度严重不足、混凝土收缩、不均匀沉降及施工管理不到位等。

4. 【答案】B
【解析】隧道衬砌裂缝病害的预防措施中，必须符合下列规定：
(1) 钢筋保护层厚度必须保证不小于30mm，钢筋使用前应做除锈、清污处理，选项A正确。
(2) 混凝土强度必须符合设计要求，宜采用较大的骨灰比，降低水胶比，合理选用外加剂，选项B错误。
(3) 确定分段灌注长度及浇筑速度；混凝土拆模时，内外温差不得大于20℃；加强养护，混凝土温度的变化速度不宜大于5℃/h，选项C正确。
(4) 衬砌施工时应严格按要求正确设置沉降缝、伸缩缝，选项D正确。

5. 【答案】CD
【解析】提高围岩稳定性能够有效地保证隧道衬砌结构施工的安全性，可通过锚固注浆、深孔注浆等措施对围岩进行加固。

第五章　交通工程
第一节　交通安全设施

考点 1　交通安全设施的主要构成与功能

1. 【答案】ABCD
【解析】交通安全设施包括交通标志、交通标线、护栏和栏杆、视线诱导设施、隔离栅、防落网、防眩设施、避险车道和其他交通安全设施（含防风栅、防雪栅、积雪栏杆、限高架、减速丘和凸面镜）等。

2. 【答案】A
【解析】交通标志是用图形符号、颜色、形状和文字向交通参与者传递特定信息，用于管理交通的设施，主要起到提示、诱导、指示等作用。

3. 【答案】A

【解析】交通标志主要包括警告标志、禁令标志、指示标志、指路标志、旅游区标志、作业标志等主标志以及附设在主标志下的辅助标志。

4. 【答案】CDE

【解析】交通标线是由施划或安装于路面上的各种线条、箭头、文字、图案、立面标记、实体标记、突起路标和轮廓标等构成。

5. 【答案】BCD

【解析】货运车辆失控风险较高的路段需要设置避险车道，避险车道由引道、制动床、救援车道等构成。

6. 【答案】CDE

【解析】视线诱导设施是指示公路线形轮廓及行车方向的设施，主要包括轮廓标、合流诱导标、线形诱导标、隧道轮廓带、示警桩、示警墩、道口标柱等。

7. 【答案】C

【解析】防眩设施的主要作用是避免对向车辆前照灯造成的眩目影响，保证夜间行车安全。突起路标属于交通标线；轮廓标的主要作用是在夜间通过对车灯光的反射，使司机能够了解前方道路的线形及走向；指路标志属于交通标志。

考点 2 交通安全设施的施工技术要求

1. 【答案】ABCD

【解析】在标线工程正式开工前，应进行实地试划试验，选项A正确。在正式划标线前，应首先清理路面，保证路面表面清洁干燥，然后根据设计图纸进行放样，并使用划线车进行划线，选项B、C正确。在进行划线时，应通过划线机的行驶速度控制好标线厚度，选项D正确。喷涂施工应在白天进行，雨天、风天、温度低于10℃时应暂停施工，选项E错误。

2. 【答案】B

【解析】当混凝土护栏采用就地浇筑的方式施工时，在浇筑混凝土前，应按设计图规定安装好钢筋及预埋件，在检查合格后，方可浇筑混凝土，选项A正确。每节护栏构件的混凝土必须一次浇筑完成，不得间断，选项B错误。就地浇筑的混凝土护栏，可采用湿法养护或塑料薄膜养护，选项C、D正确。

第二节 监控和照明系统

考点 1 监控系统的主要构成与功能

1. 【答案】BCDE

【解析】监控系统按其功能可分为九个子系统，分别为交通信号监控子系统、视频监控子系统、调度（指令）电话子系统、火灾报警子系统、隧道通风控制子系统、隧道照明控制子系统、电力监控子系统、隧道紧急电话子系统、隧道广播子系统。

2. 【答案】A

【解析】交通信号监控系统是高速公路监控系统的主要系统，为管理部门提供有效的管理手段，为高速公路的使用者和管理者提供良好的交通信息服务。

3. 【答案】ACE

【解析】视频监控系统由沿线、隧道、桥梁等地设置的遥控及固定摄像机及编码设备，传输通道以及监控分中心的视频监视、管理、存储等设备组成。

4. 【答案】C

【解析】人工手动报警系统与自动报警系统的构成相似，通常是在隧道内每50m间距的消防洞处设一个手动报警按钮，选项C错误。

考点 2 照明系统的主要构成与功能

1. 【答案】D

【解析】照明方式可以分为一般照明、局部照明和混合照明。

2. 【答案】DE

【解析】照明种类可以分为正常照明和应急照明。

3. 【答案】ABCD

【解析】公路照明一般包括道路照明、互通

立交照明、收费广场照明、特大桥照明、隧道照明、平面交叉口照明、服务区及停车区的停车场照明、进出口照明、公路房建区照明以及需要设置照明路段的照明。

第二篇　公路工程相关法规与标准

第六章　相关法规

考点 1　公路建设法规体系和标准体系

1.【答案】A

【解析】公路建设管理法规体系分为二级五层次。

2.【答案】C

【解析】公路工程标准的体系结构分为三层：
(1) 第一层为板块，按照公路建设、管理、养护、运营协调发展要求所做的标准分类。
(2) 第二层为模块，在各板块中归纳现有、应有和计划制订和修订的标准的具体类别。
(3) 第三层为标准。

考点 2　公路建设管理相关规定

1.【答案】ABCE

【解析】项目施工应当具备以下条件：
(1) 项目已列入公路建设年度计划。
(2) 施工图设计文件已经完成并经审批同意。
(3) 建设资金已经落实，并经交通运输主管部门审计。
(4) 征地手续已办理，拆迁基本完成。
(5) 施工、监理单位已依法确定。
(6) 已办理质量监督手续，已落实保证质量和安全的措施。

2.【答案】D

【解析】勘察、设计单位经项目法人批准，可以将工程设计中跨专业或者有特殊要求的勘察、设计工作委托给有相应资质条件的单位，但不得转包或者二次分包。监理工作不得分包或者转包。

3.【答案】B

【解析】施工单位可以将非关键性工程或者适合专业化队伍施工的工程分包给具有相应资格条件的单位，并对分包工程负连带责任，选项A正确。允许分包的工程范围应当在招标文件中规定。分包工程不得再次分包，严禁转包，选项B错误。任何单位和个人不得违反规定指定分包、指定采购或者分割工程。承包人可以按照约定或者经业主同意，将中标项目的部分非主体、非关键性工作分包，签订分包合同，分包人应当具备相应的资格条件，选项C正确。项目法人应当加强对施工单位工程分包的管理，所有分包合同须经监理审查，并报项目法人备案，选项E正确。

4.【答案】C

【解析】公路施工企业信用评价等级分为AA、A、B、C、D五个等级，各信用等级对应的企业评分X分别为：
AA级：95分≤X≤100分，信用好。
A级：85分≤X<95分，信用较好。
B级：75分≤X<85分，信用一般。
C级：60分≤X<75分，信用较差。
D级：X<60分，信用差。

5.【答案】C

【解析】被1个省级交通运输主管部门直接认定为D级的企业，其全国综合评价直接定为C级，选项C错误。

6.【答案】B

【解析】公路施工企业资质升级的，其信用评价等级不变，选项B错误。企业分立的，按照新设立企业确定信用评价等级，但不得高于原评价等级。企业合并的，按照合并前信用评价等级较低企业的等级确定合并后企业。

7.【答案】BCD

【解析】有下列情形之一的属于重大设计变更：连续长度10km以上的路线方案调整的；特大桥的数量或结构形式发生变化的；

特长隧道的数量或通风方案发生变化的；互通式立交的数量发生变化的；收费方式及站点位置、规模发生变化的；超过初步设计批准概算的。

8. 【答案】B

   【解析】收费方式及站点位置、规模发生变化属于重大设计变更。选项A、C、D属于较大设计变更。

9. 【答案】A

   【解析】重大设计变更由交通部负责审批。

10. 【答案】ABE

    【解析】交工验收阶段主要工作有：检查施工合同的执行情况，评价工程质量，对各参建单位工作进行初步评价。

11. 【答案】D

    【解析】公路工程竣（交）工验收的依据：

    (1) 批准的项目建议书、工程可行性研究报告。

    (2) 批准的工程初步设计、施工图设计及设计变更文件。

    (3) 施工许可。

    (4) 招标文件及合同文本。

    (5) 行政主管部门的有关批复、批示文件。

    (6) 公路工程技术标准、规范、规程及国家有关部门的相关规定。

12. 【答案】BDE

    【解析】竣工验收委员会由交通运输主管部门、公路管理机构、质量监督机构、造价管理机构等单位代表组成，选项A错误。交工验收质量等级评定分为合格和不合格，选项C错误。

第七章 相关标准

考点 1 公路工程施工安全生产相关规定

1. 【答案】AC

   【解析】施工单位从事公路水运工程建设活动，应当取得安全生产许可证及相应等级的资质证书。施工单位的主要负责人和安全生产管理人员应当经交通运输主管部门对其安全生产知识和管理能力考核合格。

2. 【答案】D

   【解析】施工单位应当根据工程施工作业特点、安全风险以及施工组织难度，按照年度施工产值配备专职安全生产管理人员，不足5000万元的至少配备1名，5000万元以上不足2亿元的按每5000万元不少于1名的比例配备，2亿元以上的不少于5名，且按专业配备。

3. 【答案】A

   【解析】施工单位应当按照法律、法规、规章、工程建设强制性标准和合同文件组织施工，保障项目施工安全生产条件，对施工现场的安全生产负主体责任，选项A错误。施工单位主要负责人依法对项目安全生产工作全面负责。建设工程实行施工总承包的，由总承包单位对施工现场的安全生产负总责。分包单位应当服从总承包单位的安全生产管理，分包单位不服从管理导致生产安全事故的，由分包单位承担主要责任。

4. 【答案】ACDE

   【解析】项目负责人对项目安全生产工作负有下列职责：

   (1) 建立项目全员安全生产责任制，加强安全标准化建设并实施相应的考核与奖惩。

   (2) 按规定配足项目专职安全生产管理人员。

   (3) 结合项目特点，组织制定并实施项目安全生产规章制度和操作规程。

   (4) 组织制订并实施项目安全生产教育和培训计划。

   (5) 保证本项目安全生产投入的有效实施。

   (6) 依据风险评估结论，完善施工组织设计和专项施工方案。

   (7) 组织建立并落实安全风险分级管控和隐患排查治理双重预防工作机制，督促、检查本项目安全生产工作，及时消除生产安全事故隐患。

   (8) 组织制定本合同段应急预案，并定期组织演练。

   (9) 及时、如实报告生产安全事故并组织自救。

5.【答案】AC

【解析】总体风险评估宜采用专家调查法和指标体系法等方法；专项风险评估可综合采用安全检查表法、作业条件危险性评价法（LEC法）、专家调查法、指标体系法、风险矩阵法等方法。

6.【答案】C

【解析】专项风险评估：当桥梁或隧道工程总体风险评估等级达到Ⅲ级（高度风险）及以上时，将其中高风险的施工作业活动（或施工区段）作为评估对象，根据其作业风险特点以及类似工程事故情况，进行风险源普查，并针对其中的重大风险源进行量化估测，提出相应的风险控制措施。

7.【答案】A

【解析】高速公路路堑高边坡工程进行安全风险评估时，总体风险评估工作由建设单位负责组织，专项风险评估工作由施工单位负责组织。

8.【答案】ABDE

【解析】应当进行安全风险评估的隧道工程：
(1) 穿越高地应力区、岩溶发育区、区域地质构造、煤系地层、采空区等工程地质或水文地质条件复杂的隧道，黄土地区、水下或海底隧道工程。
(2) 浅埋、偏压、大跨度、变化断面等结构受力复杂的隧道工程。
(3) 长度3000m及以上的隧道工程，Ⅵ、Ⅴ级围岩连续长度超过50m或合计长度占隧道全长的30%及以上的隧道工程。
(4) 连拱隧道和小净距隧道工程。
(5) 采用新技术、新材料、新设备、新工艺的隧道工程。
(6) 隧道改扩建工程。
(7) 施工环境复杂、施工工艺复杂的其他隧道工程。

9.【答案】ACDE

【解析】根据生产安全事故（以下简称事故）造成的人员伤亡或者直接经济损失，事故一般分为特别重大事故、重大事故、较大事故、一般事故。

10.【答案】A

【解析】较大事故，是指造成3人以上10人以下死亡，或者10人以上50人以下重伤，或者1000万元以上5000万元以下直接经济损失的事故。"以上"包括本数，"以下"不包括本数。

11.【答案】A

【解析】道路交通事故、火灾事故自发生之日起7日内，事故造成的伤亡人数发生变化的，应当及时补报。

考点 2　公路工程质量管理相关规定

1.【答案】C

【解析】一般质量事故是指造成直接经济损失100万元以上1000万元以下的事故。

2.【答案】D

【解析】重大质量事故，是指造成直接经济损失5000万元以上1亿元以下，或者特大桥主体结构垮塌、特长隧道结构坍塌，或者大型水运工程主体结构垮塌、报废的事故。

3.【答案】AE

【解析】重大质量事故，是指造成直接经济损失5000万元以上1亿元以下，或者特大桥主体结构垮塌、特长隧道结构坍塌，或者大型水运工程主体结构垮塌、报废的事故。较大质量事故，是指造成直接经济损失1000万元以上5000万元以下，或者高速公路项目中桥或大桥主体结构垮塌、中隧道或长隧道结构坍塌、路基（行车道宽度）整体滑移，或者中型水运工程主体结构垮塌、报废的事故。一般质量事故，是指造成直接经济损失100万元以上1000万元以下，或者除高速公路以外的公路项目中桥或大桥主体结构垮塌、中隧道或长隧道结构坍塌，或者小型水运工程主体结构垮塌、报废的事故。选项B属于质量问题，选项C、D属于一般质量事故。

4.【答案】C

【解析】工程项目交工验收前，施工单位为工程质量事故报告的责任单位。

5. 【答案】B

  【解析】事故报告责任单位应在接报2h内，核实、汇总并向负责项目监管的交通运输主管部门及其工程质量监督机构报告。

6. 【答案】B

  【解析】交通运输主管部门或者其委托的建设工程质量监督机构可以采取随机抽查、备案核查、专项督查等方式对从业单位实施监督检查。

7. 【答案】ABCD

  【解析】实施监督检查时，应当有2名以上人员参加，并出示有效执法证件。检查人员对涉及被检查单位的技术秘密和商业秘密，应当为其保密。监督检查过程中，检查人员发现质量问题的，应当当场提出检查意见并做好记录。质量问题较为严重的，检查人员应当将检查时间、地点、内容、主要问题及处理意见形成书面记录，并由检查人员和被检查单位现场负责人签字。被检查单位现场负责人拒绝签字的，检查人员应当将情况记录在案，选项E错误。

第三篇 公路工程项目管理实务

第八章 公路工程企业资质与施工组织

考点 1 公路工程企业资质

1. 【答案】A
   【解析】公路路面工程专业承包企业包括一级企业、二级企业、三级企业。

2. 【答案】BCD
   【解析】桥梁工程专业承包企业分为一级企业、二级企业、三级企业。

3. 【答案】B
   【解析】三级公路工程施工总承包企业可承担二级标准及以下公路，单座桥长500m以下、单跨跨度50m以下的桥梁工程的施工。

考点 2 二级建造师执业范围

1. 【答案】C
   【解析】大型桥梁工程：单跨≥50m，桥长≥1000m。中型桥梁工程：13m≤单跨＜50m，30m≤桥长＜1000m。小型桥梁工程：单跨＜13m，桥长＜30m。

2. 【答案】C
   【解析】二级注册建造师担任中小型工程项目负责人；不同工程类别所要求的注册建造师执业资格不同时，以较高资格执行。

考点 3 施工项目管理机构

1. 【答案】ABCE
   【解析】公路工程施工项目经理部的组织结构模式一般有四种，即直线式、职能式、直线职能式、矩阵式。目前主要采用的组织结构模式有直线式和直线职能式，大型项目可采用矩阵式。

2. 【答案】AC
   【解析】公路工程施工项目经理部的组织结构模式一般有四种，即直线式、职能式、直线职能式、矩阵式。目前主要采用的组织结构模式有直线式和直线职能式，大型项目可采用矩阵式。

3. 【答案】B
   【解析】项目经理部是代表施工企业履行工程承包合同的主体，是最终产品质量责任的承担者，要代表企业对业主全面负责。

考点 4 施工组织设计

1. 【答案】A
   【解析】工程概况主要包括以下内容：
   (1) 工程项目的主要情况，如工程性质、工程位置、工程规模、结构形式、技术标准、总工期、主要工程数量等。
   (2) 施工条件，如地形地貌、气象、水文和地质等自然条件；资源供应情况、交通运输及水电等施工现场条件和技术经济条件。
   (3) 工程施工的特点和难点分析。
   (4) 合同特殊要求，如业主提供结构材料、指定分包商等。

2. 【答案】ACDE
   【解析】根据已确定的施工进度计划，编制各项资源需求计划及进场计划，主要有：
   (1) 劳动力需求计划。
   (2) 材料需求计划。
   (3) 施工机械设备需求计划。
   (4) 资金需求计划。

3. 【答案】BD
   【解析】资源利用的优化主要包括物资采购与供应计划的优化、机械需要计划的优化。

4. 【答案】ABDE
   【解析】施工方案的编制内容包括：
   (1) 工程概况：工程基本情况、施工平面布置、施工要求和技术保证条件。
   (2) 编制依据：相关法律、法规、规范性文件、标准、规范及图纸（国标图集）、施工组织设计等。
   (3) 施工计划：包括施工进度计划、材料与设备计划。

(4) 施工工艺技术：技术参数、工艺流程、施工方法、检查验收等。

(5) 施工安全保证措施：组织保障、技术措施、应急预案、监测监控等。

(6) 劳动力计划：专职安全生产管理人员、特种作业人员等。

(7) 计算书及相关图纸。

第九章 施工招标投标与合同管理

考点 1 施工招标投标

1. 【答案】C

【解析】开标应当在招标文件确定的提交投标文件截止时间的同一时间公开进行；开标地点应当为招标文件中预先确定的地点，选项A、B正确。开标由招标人主持，邀请所有投标人参加，选项C错误。开标过程应当记录，并存档备查。投标人对开标有异议的，应当在开标现场提出，招标人应当当场做出答复，并制作记录。未参加开标的投标人，视为对开标过程无异议，选项D正确。

2. 【答案】B

【解析】通过第一信封商务文件和技术文件评审的投标人少于3个的，评标委员会可以否决全部投标。

3. 【答案】B

【解析】招标人和中标人应当自中标通知书发出之日起30日内，按照招标文件和中标人的投标文件订立书面合同，合同的标的、价格、质量、安全、履行期限、主要人员等主要条款应当与上述文件的内容一致。

4. 【答案】ABDE

【解析】《中华人民共和国招标投标法实施条例》规定，禁止投标人相互串通投标，禁止招标人与投标人串通投标。有下列情形之一的，属于投标人相互串通投标：

(1) 投标人之间协商投标报价等投标文件的实质性内容。

(2) 投标人之间约定中标人。

(3) 投标人之间约定部分投标人放弃投标或者中标。

(4) 属于同一集团、协会、商会等组织成员的投标人按照该组织要求协同投标。

(5) 投标人之间为谋取中标或者排斥特定投标人而采取的其他联合行动。

选项C属于招标人与投标人串通投标的情形。

考点 2 施工合同管理

1. 【答案】C

【解析】公路工程合同中，业主和承包人依法签订的施工合同是核心合同。

2. 【答案】C

【解析】根据《公路工程标准施工招标文件》(2018年版)的规定，组成合同的各项文件应互相解释，互为说明。除项目专用合同条款另有约定外，解释合同文件的优先顺序如下：

(1) 合同协议书及各种合同附件（含评标期间和合同谈判过程中的澄清文件和补充资料）。

(2) 中标通知书。

(3) 投标函及投标函附录。

(4) 项目专用合同条款。

(5) 公路工程专用合同条款。

(6) 通用合同条款。

(7) 工程量清单计量规则。

(8) 技术规范。

(9) 图纸。

(10) 已标价工程量清单。

(11) 承包人有关人员、设备投入的承诺及投标文件中的施工组织设计。

(12) 其他合同文件。

3. 【答案】D

【解析】工程量清单中所列的工程数量（也称为清单工程量），是在实际施工生产前根据设计施工图纸和说明及工程量计算规则所得到的一种准确性较高的预算数量，并不是中标者在施工时应予完成的实际工程量。

4. 【答案】B

【解析】工程量清单中所列工程数量是估算的或设计的预计数量，仅作为投标报价的共同基础，不能作为最终结算与支付的依据，选项B错误。

5. 【答案】A

【解析】只有经总监理工程师审查批准的工程项目，才予以支付工程款项。

6. 【答案】AD

【解析】除非监理工程师另有准许，一切计量工作都应在监理工程师在场情况下，由承包人测量、记录，有承包人签名的计量记录原本，应提交给监理工程师审查和保存，选项B错误。工程量应由承包人计算，由监理人审核。工程量计算的副本应提交给监理工程师并由监理工程师保存，选项C错误。沥青混凝土、沥青碎石、水泥混凝土、高强度等级水泥砂浆的施工现场必须使用电子计量设备称重，因不符合计量规定引发质量问题，所发生的费用由承包人承担，选项E错误。

7. 【答案】B

【解析】发包人与分包人没有合同关系，但发包人作为工程项目的投资方和施工合同的当事人，对分包合同的管理主要表现为对分包工程的批准。

8. 【答案】C

【解析】监理人一般不能直接向分包人下达变更指令，必须通过承包人，选项A正确。分包人不能直接向监理人提出分包工程的变更要求，也必须由承包人提出，选项B正确。分包合同履行过程中，当分包人认为自己的合法权益受到损害，无论事件起因于发包人或监理人，他都只能向承包人提出索赔要求，而不是向监理工程师提出索赔要求，选项C错误。对于由承包人的原因或责任引起分包人提出索赔，这类索赔产生在承包人与分包人之间，双方通过协商解决，监理人不参与该索赔的处理，选项D正确。

9. 【答案】C

【解析】重要工程变更通常指对工程造价影响较大、需要业主批准的工程变更工作，选项A错误。其审批程序是：监理工程师在下达工程变更令之前，一是要报业主批准，二是要同承包人协商确定变更工程的价格不超过业主批准的范围，选项B错误。如果超过业主批准的总额，监理工程师应在下达工程变更令之前请求业主做进一步的批准或授权，选项C正确。选项D是重大工程变更的审批程序。

10. 【答案】A

【解析】承包人应在收到变更指示或变更意向书后的14d内，向监理工程师提交变更报价书。

11. 【答案】D

【解析】农田因补偿问题发生纠纷属于业主责任，非施工单位原因引起，因此可以索赔工期和费用。

第十章 施工进度管理

考点 1 施工进度计划

1. 【答案】ACDE

【解析】公路工程进度计划的主要形式有：①横道图；②"S"曲线图；③垂直图；④斜率图；⑤网络图。

2. 【答案】C

【解析】垂直图是以公路里程或工程位置为横轴，以时间为纵轴，而各分部（项）工程的施工进度则相应地以不同的斜线表示。在图中可以辅助表示平面布置图和工程量的分布。选项A、B、D均以时间为横轴。

3. 【答案】C

【解析】垂直图很适合表示公路、隧道等线形工程的总体施工进度。

4. 【答案】ACE

【解析】公路施工过程基本组织方法有顺序（依次）作业法、平行作业法、流水作业法。

5. 【答案】C

【解析】顺序作业法（又称依次作业法）的主要特点有：
(1) 没有充分利用工作面进行施工，（总）工期较长。
(2) 每天投入施工的劳动力、材料和机具的数量比较少，有利于资源供应的组织工作。
(3) 施工现场的组织、管理比较简单。
(4) 不强调分工协作，若由一个作业队完成全部施工任务，不能实现专业化生产，不利于提高劳动生产率；若按工艺专业化原则成立专业作业队（班组），各专业队是间歇作业，不能连续作业，材料供应也是间歇供应，劳动力和材料的使用可能不均衡。

6. 【答案】C
【解析】时间参数有流水节拍、流水步距、技术间歇、组织间歇、搭接时间。流水强度属于工艺参数；工作面、施工段属于空间参数。

7. 【答案】C
【解析】空间参数包括工作面、施工段、施工层。

8. 【答案】A
【解析】相邻结构层之间的速度决定了相邻结构层之间的搭接类型，前道工序的速度快于后道工序时选用开始到开始搭接类型；否则选用完成到完成搭接类型。

考点 2　施工进度控制

1. 【答案】BD
【解析】工期拖延＝工序拖延－工序总时差＝7－4＝3（d），选项A错误，选项B正确。该工序已经转变为关键工序的表述是正确的，但是关键线路至少增加一条是错误的，因为有可能原来的关键线路变成了非关键线路，选项C错误。拖延2d没有超过该工序的自由时差，对紧后工序无影响，自然对后续的工序也无影响，选项D正确。关键线路和关键工作是相对的，由于该工序已经变成关键工序，此时工期已经超过了3d，理论上应批准延长工期3d，选项E错误。

2. 【答案】ACDE

【解析】进度计划检查的方法包括横道图比较法、"S"曲线比较法、"香蕉"曲线比较法、公路工程进度表、前锋线比较法、完工时点计算法。

3. 【答案】A
【解析】前锋线比较法是通过绘制某检查时刻到工程项目实际进度前锋线，进行工程实际进度与计划进度比较的方法，它主要适用于时标网络计划。

4. 【答案】ACDE
【解析】工期的顺延应符合以下条件：
(1) 非承包人原因和责任。
(2) 符合合同规定的手续。
(3) 拖延的事件应发生在关键线路上。延误发生在关键线路上是延期的重要条件。如果延误的事件是非关键工作并且延误未超过其总时差，即使符合合同规定也不需批准延期。

第十一章　施工质量管理

考点 1　公路工程施工质量控制策划要求与内容

【答案】A
【解析】工程项目中标后，项目经理组织相关业务部门，充分研究设计文件后针对项目特点对项目质量管理体系进行策划。

考点 2　公路工程质量控制方法及措施

1. 【答案】ABDE
【解析】公路工程施工现场质量检查控制的方法主要有测量、试验、观察、分析、记录、监督、总结改进。

2. 【答案】ABCD
【解析】现场质量检查控制包括：
(1) 开工前检查。
(2) 工序交接检查。
(3) 隐蔽工程检查。
(4) 停工后复工前的检查。
(5) 分项、分部工程完工后的检查。
(6) 成品、材料、机械设备等的检查。

(7) 巡视检查。
竣工验收检查属于竣工验收阶段检查,选项E错误。

3. 【答案】CDE
【解析】测定最佳含水率的试验方法有:轻型、重型击实试验;振动台法;表面振动击实仪法。

4. 【答案】B
【解析】压实度是路基质量控制的重要指标之一,是现场干密度和室内最大干密度的比值。1.63/1.66×100%＝98.19%。

5. 【答案】D
【解析】沥青混凝土路面施工中常见质量控制关键点包括:
(1) 基层强度、平整度、高程的检查与控制。
(2) 沥青材料的检查与试验。沥青混凝土配合比设计和试验。
(3) 沥青混凝土拌合设备及计量装置校验。
(4) 路面施工机械设备配置与压实方案。
(5) 沥青混凝土的拌和、运输及摊铺温度控制。
(6) 沥青混凝土摊铺厚度的控制和摊铺中离析控制。
(7) 沥青混凝土的碾压与接缝施工。
水胶比是水泥混凝土路面施工中质量控制的关键点。

6. 【答案】C
【解析】连续梁桥施工质量控制点:
(1) 支架施工:支架沉降量的控制。
(2) 先简支后连续:后浇段工艺控制、体系转换工艺控制、后浇段收缩控制、临时支座安装与拆除控制。
(3) 挂篮悬臂施工:浇筑过程中的线形控制、边跨及跨中合龙段混凝土的裂缝控制。
(4) 预应力梁:张拉力及预应力钢筋伸长量控制。

考点 3　施工质量检验

1. 【答案】B

【解析】对结构安全、耐久性和主要使用功能起决定性作用的检查项目为关键项目,关键项目的合格率不得低于95%(机电工程为100%);有规定极值的检查项目,任一单个检测值不应突破规定极值,否则该检查项目为不合格。

2. 【答案】ABCE
【解析】土方路基实测项目:压实度(△)、弯沉值(△)、纵断高程、中线偏位、宽度、平整度、横坡、边坡。"△"为关键项目,下同。

3. 【答案】C
【解析】填石路基实测项目:压实(△)、弯沉值(△)、纵断高程、中线偏位、宽度、平整度、横坡、边坡坡度和平顺度。

4. 【答案】A
【解析】浆砌挡土墙实测项目:砂浆强度(△)、平面位置、墙面坡度、断面尺寸(△)、顶面高程、表面平整度。

5. 【答案】ABCD
【解析】水泥混凝土面层实测项目:弯拉强度(△)、板厚度(△)、平整度、抗滑构造深度、横向力系数SFC、相邻板高差、纵横缝顺直度、中线平面偏位、路面宽度、纵断高程、横坡、断板率。

6. 【答案】ABCE
【解析】沥青混凝土面层和沥青碎(砾)石面层实测项目:压实度(△)、平整度、弯沉值、渗水系数、摩擦系数、构造深度、厚度(△)、中线平面偏位、纵断高程、宽度、横坡、矿料级配(△)、沥青含量(△)、马歇尔稳定度。

7. 【答案】BDE
【解析】桥梁总体的实测项目:桥面中线偏位、桥宽(含车行道和人行道)、桥长、桥面高程。

8. 【答案】ABDE
【解析】悬臂浇筑梁的实测项目:混凝土强度(△)、轴线偏位、顶面高程、断面尺寸(△)、合龙后同跨对称点高程差、顶面横坡、平整度、相邻梁段间错台。

9.【答案】D

【解析】后张法预应力筋的加工和张拉质量检验的实测项目：管道坐标、管道间距（包括同排和上下层）、张拉应力值（△）、张拉伸长率（△）、断丝滑丝数。

10.【答案】ABDE

【解析】隧道总体质量检验的实测项目：车行道宽度、内轮廓宽度、内轮廓高度（△）、隧道偏位、边坡或仰坡坡度。

第十二章　施工成本管理

考点 1　标后预算

1.【答案】ABCD

【解析】从项目管理的角度出发，标后预算的总费用可以划分为上缴企业费用、项目预算总成本、规费和税金四项。

2.【答案】B

【解析】计划预算（直接）成本是在施工过程中，根据年度生产计划中计划的工程量和标后预算清单单价计算的预算成本，是成本管理中编制成本计划的依据。

3.【答案】ABD

【解析】材料预算价格由材料原价、运杂费、场外运输损耗、采购及仓库保管费组成。

4.【答案】ABDE

【解析】专项费用包括施工场地建设费和安全生产费。

（1）施工场地建设费。按照工地建设标准化要求进行承包人驻地、工地试验室建设、办公、生活居住房屋和生产用房屋等费用；场区平整、场地硬化、排水、绿化、标志、污水处理设施、围墙隔离设施等费用，以及上范围内各种临时工作便道、人行便道、工地临时用水、用电的水管支管和电线支线、临时构筑物、其他小型临时设施等的搭设或租赁、维修、拆除及清理的费用。工地试验室所发生的属于固定资产的试验设备和仪器等折旧、维修或租赁费用以及施工扬尘污染

防治措施费和文明施工、职工健康生活的费用。但不包括红线范围内贯通便道、进出场的临时便道、保通便道。

（2）安全生产费包括完善、改造和维护安全设施设备费用，配备、维护、保养应急救援器材、设备费用，开展重大危险源和事故隐患评估和整改费用，安全生产检查、评价、咨询费用，配备和更新现场作业人员安全防护用品支出，安全生产宣传、教育、培训费用，安全设施及特种设备检测检验费用，施工安全风险评估、应急演练等有关工作及其他与安全生产直接相关的费用。

选项C，指挥车辆使用费属于现场管理费。

考点 2　施工成本管理内容与方法

1.【答案】B

【解析】计划成本偏差反映现场施工成本在计划阶段的预控情况，也称施工成本计划预控偏差。正值表示计划预控不到位，不满足该项责任目标成本的要求。

2.【答案】ABDE

【解析】在公路工程施工项目的成本控制中，可根据项目经理部制定的目标成本控制成本支出，这是最有效的方法之一，该方法主要从以下几个方面加以控制：

（1）人工费的控制。
（2）材料费的控制。
（3）周转工具使用费的控制。
（4）施工机械使用费的控制。
（5）现场管理费的控制。

3.【答案】A

【解析】路线工程成本对象可以分为路基、路面、隧道、桥涵、交通工程及沿线设施、绿化及环境保护工程、临时工程等。

第十三章　施工安全管理

考点 1　公路工程施工安全管理

【答案】BCE

【解析】事故隐患排查治理情况应当如实记

录，并通过职工大会或者职工代表大会、信息公示栏等方式向从业人员通报。

考点 2　公路工程施工项目安全管理措施

1. 【答案】D

   【解析】路基土石方施工，应采取保证边坡稳定的措施，边坡有防护要求的应开挖一级防护一级，且应自上而下开挖，不得掏底开挖、上下同时开挖、乱挖超挖。

2. 【答案】D

   【解析】沥青罐内检查不得使用明火照明，选项D错误。

3. 【答案】D

   【解析】浇筑墩顶段（0号段）混凝土前，应对托架、模板进行检验和预压，消除杆件连接缝隙、地基沉降和其他非弹性变形，选项D错误。

4. 【答案】DE

   【解析】安全带应高挂低用，选项A错误。严禁安全绳与悬吊绳共用连接器，选项B错误。严禁安全绳用作悬吊绳，选项C错误。

5. 【答案】C

   【解析】施工现场临时用电工程专用的低压电力系统，必须符合下列规定：采用三级配电系统；采用TN-S接零保护系统；采用二级保护系统。

6. 【答案】A

   【解析】特种设备使用单位应在特种设备检验合格有效期届满前1个月向特种设备检验检测机构提出定期检验要求。

7. 【答案】D

   【解析】六级以上大风严禁登高作业，塔式起重机、施工电梯等应按规定安装接地保护和避雷装置。

考点 3　安全管理双重预防机制

【答案】BCDE

【解析】安全风险等级从高到低划分为重大风险、较大风险、一般风险和低风险。

考点 4　公路工程施工项目事故隐患排查治理

1. 【答案】C

   【解析】重大事故隐患是指危害和整改难度较大，应当全部或者局部停产停业，并经过一定时间整改治理方可能排除的隐患；或者因外部因素影响导致自身难以排除的隐患。

2. 【答案】ABCE

   【解析】安全生产隐患排查的"五项制度"：
   (1) 施工现场危险告知制度。
   (2) 施工安全监理制度。
   (3) 专项施工方案审查制度。
   (4) 设备进场验收登记制度。
   (5) 安全生产费用保障制度。

3. 【答案】AB

   【解析】安全生产隐患排查的"两项达标"：
   (1) 施工人员管理达标。
   (2) 施工现场安全防护达标。

4. 【答案】A

   【解析】重大隐患经项目监理单位确认后应向项目建设单位备案，选项A错误。

5. 【答案】C

   【解析】重大事故隐患必须由项目负责人组织编制"重大事故隐患治理方案"。

考点 5　公路工程施工项目应急管理

1. 【答案】B

   【解析】生产经营单位应急预案编制程序包括成立应急预案编制工作组、资料收集、风险评估、应急资源调查、应急预案编制、桌面推演、应急预案评审和批准实施8个步骤。

2. 【答案】D

   【解析】应急预案编制完成后，生产经营单位应按法律法规有关规定组织评审或论证，选项A正确。参加应急预案评审的人员可包括有关安全生产及应急管理方面的、有现场处置经验的专家，选项B正确。应急预案论证可通过推演的方式开展，选项C正确。评审表决不通过的，生产经营单位应修改完善后按评审程序重新组织专家评审，生产经营单位应写出根据专家评审意见的修改情况说明，并经专家组组长签字确认，选项D错误。

3. 【答案】D

【解析】施工单位应当每三年进行一次应急预案评估。

第十四章　绿色施工及现场环境管理

考点1　绿色施工

1. 【答案】ABCE

【解析】绿色施工是指工程建设过程中，在保证质量、安全等基本要求的前提下，通过科学管理和技术进步，最大限度地节约资源，减少对环境负面影响，实现"四节一环保"（节能、节材、节水、节地和环境保护）的施工活动。

2. 【答案】BE

【解析】施工中需要停水、停电、封路而影响环境时，必须经有关部门批准，事先告示，并设有标志，选项A正确。确需夜间施工的，应办理夜间施工许可证明，并公告附近社区居民，选项B错误。施工现场泥浆、污水未经处理不得直接排入城市排水设施和河流、湖泊、池塘，选项C正确。施工现场存放化学品等有毒材料、油料，必须对库房进行防渗漏处理，储存和使用都要采取措施，防止渗漏污染土壤水体，选项D正确。经过施工现场的地下管线，应由发包人在施工前通知承包人，标出位置，加以保护，选项E错误。

考点2　施工现场环境管理

1. 【答案】D

【解析】公路工程施工现场项目部驻地房屋可自建或租用沿线合适的单位或民用房屋（选项A错误），但应坚固、安全、实用、美观，并满足工作和生活需求。自建房还应安装拆卸方便且满足环保要求。自建房屋最低标准为活动板房，建设宜选用阻燃材料，

搭建不宜超过两层（选项B错误），每组最多不超过10栋，组与组之间的距离不小于8m，栋与栋之间的距离不小于4m，房间净高不低于2.6m（选项D正确）。驻地办公区、生活区应采用集中供暖设施，严禁电力取暖（选项C错误）。

2. 【答案】C

【解析】自建房屋最低标准为活动板房，建设宜选用阻燃材料，搭建不宜超过两层（选项C错误），每组最多不超过10栋，组与组之间的距离不小于8m，栋与栋之间的距离不小于4m，房间净高不低于2.6m。驻地办公区、生活区应采用集中供暖设施，严禁电力取暖。

3. 【答案】A

【解析】项目部驻地选址，应离集中爆破区500m以外，不得占用独立大桥下部空间、河道、互通匝道区及规划的取、弃土场，选项B、C、D错误。

4. 【答案】ACDE

【解析】底模宜采用通长钢板，不得采用混凝土底模，选项B错误。

5. 【答案】B

【解析】预制场的建设规模应结合小型构件预制数量和预制工期等参数来规划，场地面积一般不小于$2000m^2$，选项A错误。场内路面宜做硬化处理，主要运输道路应采用不小于20cm厚的C20混凝土硬化，基础不好的道路应增设碎石掺石屑垫层，场内不允许积水，四周宜设置砖砌排水沟，并采用M7.5砂浆抹面，选项B正确。生产区根据合同段设计图纸确定的预制构件的种类设置生产线，同时配备小型拌合站1座（尽可能利用既有拌合站），小型构件预制应选用振动台振捣，选项C错误。成品按不同规格分层堆码，堆码高度应保证安全，选项D错误。

6. 【答案】ACE

【解析】凡用于工程的砂石料应按级配要求，不同粒径、不同品种分场存放，每区醒目位

置设置材料标识牌。

7. 【答案】ACDE

【解析】水、外掺剂计量应采用全自动电子称量法计量，禁止采用流量或人工计量方式，选项B错误。

8. 【答案】B

【解析】便道路基宽度不小于4.5m，路面宽度不小于3.0m。

9. 【答案】BCDE

【解析】特大桥、隧道洞口、拌合站和预制场等大型作业区进出便道200m范围路面宜采用不小于20cm厚的C20混凝土硬化，选项A错误。

10. 【答案】A

【解析】当河窄、水浅时可选用墩架式梁桥。

第十五章　施工技术与设备管理

考点 1　施工技术管理

1. 【答案】ABD

【解析】图纸会审的主要内容有：
（1）核对图纸数量是否齐全，施工说明是否清楚准确、是否符合现行国家和行业标准或规范要求。
（2）结合现场调查情况，核算主要工程数量，检查其中错漏。
（3）核查设计提供的水文、地质等资料是否满足工程施工需求，明确是否需要进一步补充。
（4）核算工程主要结构的受力条件及主要设计数据。

2. 【答案】C

【解析】对于重大施工方案，应由项目总工程师组织编制，施工单位技术管理部门组织审核，必要时组织相关专家进行论证，由施工单位技术负责人或技术负责人授权的技术人员进行审批。

3. 【答案】C

【解析】超过一定规模的危险性较大的分部分项工程专项方案应当由施工单位组织召开专家论证会。实行施工总承包的，由施工总承包单位组织召开专家论证会。

4. 【答案】C

【解析】技术交底必须在相应工程内容施工前进行。技术交底应分级进行。
第一级：项目总工程师向项目各部门负责人及全体技术人员进行交底。
第二级：项目技术部门负责人或各部分项主管工程师向现场技术人员和班组长进行交底。
第三级：现场技术员负责向班组全体作业人员进行技术交底。

5. 【答案】ABDE

【解析】工程施工资料一般按工程项目分类，使同一项目工程的资料都集中在一起，选项A正确。工程资料应字迹清楚，图样清晰，图表整洁，签字盖章手续齐全，选项B正确。工程资料中文字材料幅面尺寸规格宜为A4幅面；图纸宜采用国家标准图幅，选项C错误。利用施工图改竣工图，必须标明变更修改的依据；凡施工图结构、工艺、平面布置等有重大改变，或变更部分超过图面1/3的，应当重新绘制竣工图，选项D、E正确。

6. 【答案】BCD

【解析】施工阶段测量包括施工放样测量、工序检查测量、施工控制网复测、沉降位移变形观测及安全监控测量。

7. 【答案】BCDE

【解析】公路工程项目试验管理包括工地试验室人员管理、工地试验室设备管理、工地试验室档案管理、工地试验样品管理、工地试验外委管理。

8. 【答案】D

【解析】工地试验室应加强外委试验管理，超出母体检测机构授权范围的试验检测项目和参数应进行外委，外委试验应向项目建设单位报备，选项A正确。外委试验取样、送样过程应进行见证，选项B正确。接受外委试验的检测机构应取得《公路水运工程试验检测机构等级证书》(含相应参数)，通过计量认证(含相应参数)且上年度信用等级为 B 级及以上，选项 C 正确。工程建设项目的同一合同段中的施工、监理单位和检测机构不得将外委试验委托给同一家检测机构，选项 D 错误。

考点 2　施工机械设备管理

1.【答案】D

【解析】可以同时用于土方开挖、石方开挖、土石填筑和路基整型工程的机械是推土机。

2.【答案】ACD

【解析】平地机是一种铲土、运土、卸土同时进行的连续作业机械。

3.【答案】A

【解析】按我国目前规范要求，高等级公路建设应使用强制间歇式搅拌设备，连续滚筒式搅拌设备用于普通公路建设。

4.【答案】B

【解析】沥青混凝土搅拌设备分间歇式和连续滚筒式，选项 A 正确。间歇式搅拌机又分为强制式和自落式，强制式就是搅拌机的搅拌叶强制将物料拌和均匀；自落式是将物料提升到一定高度然后让它自由下落，达到拌和的目的，选项 B 错误。强制间歇式搅拌设备的特点是冷矿料的烘干、加热与热沥青的拌和，先后在不同的设备中进行，选项 C 正确。连续滚筒式搅拌设备的特点是冷矿料的烘干、加热与热沥青的拌和在同一滚筒内连续进行，选项 D 正确。

5.【答案】AE

【解析】沥青混凝土摊铺机按行走方式可分为自行式和拖式两种，自行式摊铺机又分为履带式、轮胎式及复合式三种。

6.【答案】D

【解析】全套管钻机主要用于大型桥梁钻孔桩的钻孔施工，选项 A 错误。旋转钻机中的有钻杆旋转钻机适应性很强，可以应付各种覆盖层直到极硬的岩层，选项 B 错误。螺旋钻机适用于土质的地质条件，选项 C 错误。液压旋挖钻孔机适用于除岩层、卵石、漂石外的各种土质地质条件，尤其在市政桥梁及场地受限的工程中使用，选项 D 正确。

7.【答案】AD

【解析】预应力张拉成套设备主要由千斤顶、油泵车、卷管机、穿索机和压浆机组成。其能力由张拉千斤顶的吨位和锚具强度决定。

8.【答案】AE

【解析】喷锚机械主要有锚杆台车、混凝土喷射机等。

9.【答案】ABDE

【解析】施工机械选择的一般原则有适应性、先进性、通用性、专用性、经济性。

10.【答案】AB

【解析】对于石方开挖工程，选择的机械与设备主要有挖掘机、推土机、移动式空气压缩机、凿岩机、爆破设备等。羊足压路机用于土石填筑工程，铲运机用于土方开挖工程，洒水车属于养护设备。

11.【答案】A

【解析】模板衬砌台车(混凝土搅拌站、搅拌运输车、混凝土输送泵)属于二次支护衬砌机械。选项 A 属于初次支护机械。

12.【答案】ACE

【解析】根据机械来源的不同，必须经过不同的检验和试验，一般检验的方法和步骤可分为外部检验、空运转试验和重载试验。

13.【答案】ACDE

【解析】机械设备档案主要包括下列内容：
(1)设备的名称、类别、数量、统一编号。
(2)设备的购买日期。
(3)产品合格证及生产许可证(复印件及其他证明材料)。
(4)使用说明书等技术资料。
(5)《大、中型设备安装、拆卸方案》《施工设备验收单》及《安装验收报告》。
(6)各设备操作人员资格证明材料。

第四篇 案例专题模块

模块一 路基工程

案例一

1. 该路段属于填石路堤。

   理由：土的含量为15%~20%，石料含量为80%以上，填料石料成分主要是块石、片石、碎石。根据填石路基的定义：用粒径大于40mm且含量超过总质量70%的石料填筑的路堤为填石路堤。

2. （1）正确。

   （2）不正确。

   改正：路床底面以下400mm范围内，填料最大粒径不得大于150mm，其中粒径小于5mm的细料含量应不小于30%。剩余部分填料粒径应不大于500mm，并宜不超过层厚的2/3。

   （3）不正确。

   改正：C区域填料粒径应不大于500mm，并宜不超过层厚的2/3。

3. 推土机用于摊铺和平整。轮胎式压路机主要是对填石路基在初平后，进行初步碾压，使石料块径之间相对稳定，有利于压路机的振动碾压。

4. （1）计算的高差的专业名称是压实沉降差。

   （2）作用：检测填石路堤施工过程中的压实质量。

案例二

1. 正确的施工工艺流程为：整平原地面→铺设下层砂垫层→设备定位→打入套管→沉入砂袋→拔出套管→设备移位→埋砂袋头→铺筑上层砂垫层。

2. 砂料宜采用渗透率高的风干中、粗砂，粒径大于0.5mm砂的含量不宜少于总质量的50%，含泥量应不大于3%。

3. 5个被带出的砂袋应在原孔位边上重新打入。

4. （1）袋装砂井施工主要配置的机械设备为沉管式打桩机；CFG桩施工中主要配置的机械设备为振动沉管打桩机，还可采用长螺栓钻机。

   （2）图1-2中，构筑物A是袋装砂井，B是砂垫层。

5. CFG桩施工前，应进行成桩工艺和成桩强度试验。

案例三

1. （1）正确。

   （2）错误。

   改正：将"当路堤顶面施工至距上路床底面1m时"改为"当路堤顶面施工至距路床底面1m时"。

   （3）正确。

2. 压实度＝现场干密度/试验室最大干密度×100%。

   点①的压实度＝1.87/1.97×100%＝94.9%；
   点②的压实度＝1.96/1.97×100%＝99.5%；
   点③的压实度＝1.94/1.97×100%＝98.5%；
   点④的压实度＝1.93/1.97×100%＝98.0%；
   点⑤的压实度＝1.89/1.97×100%＝95.9%；
   点⑥的压实度＝1.85/1.97×100%＝93.9%。

3. K12+000~K12+300段路基填筑宜采用水平分层填筑法。

4. 对K12+000~K12+300段路基的压实度检测，还可以采用环刀法、核子密度湿度仪法。

案例四

1. A为开挖截水沟，B为开挖边沟。

2. 所用的机械不正确，因为这段路堑是土质路堑，而给出的机械中，凿岩机和钻孔机是石质路堑开挖时使用的石方机械。

3. 错误1：炮眼装药后用铁杆捣实，填塞砂土。

   改正：炮眼装药后用木杆捣实，填塞黏土。

错误2：采用"方格形"布置。
改正：采用"一字形"布置。

4. 浅孔爆破的优缺点有：
  (1) 优点：比较灵活，适用于地形艰险及爆破量较小的地段（如打水沟、开挖便道、基坑等）。
  (2) 缺点：炮眼浅，用药少，每次爆破的方数不多，并全靠人工清除；不利于爆破能量的利用。由于眼浅，以致响声大而炸下的石方不多，所以工效较低。

💡 案例五

1. 施工单位还应配置的机械设备有凿岩机、空压机。
2. A工序为钻炮眼，B工序为现场检查盲炮及危石处理。
3. 施工单位在开挖限界的周边所采用的爆破方法为光面爆破法。
4. 为了避免爆破引发滑坡，该处应采用静态破碎法。
5. 该起事故的等级为一般事故。
   理由：一般事故是指造成3人以下死亡，或者10人以下重伤，或者1000万元以下直接经济损失的事故。而该起事故造成1人死亡，3人重伤，所以属于一般事故。

模块二　路面工程

💡 案例一

1. 理由：该变更合理（属于设计疏漏引起的变更），且变更程序符合要求，所以监理单位签发了"工程变更令"。
2. （1）步骤2对应的施工工艺是测量放样，墙身中的构筑物B是泄水孔，交通安全设施A为波形梁护栏。
   （2）波形梁护栏的主要作用是吸收能量，防止失控车辆冲出路基，以及诱导视线的作用。
3. （1）采用黏土不合适。
   （2）理由：因为该挡土墙浸水，应选择强度高、透水性好的材料。

4. 申请计量的金额＝45600×（3.5×2）×5.25＝1675800（元）。

💡 案例二

1. 起点桩号K16＋100，路口桩号K25＋200，终点桩号K37＋300。
   左段公路长度为：25200－16000＝9200（m）。
   右段公路长度为：37300－25200＝12100（m）。
   公路总长度为：9200＋12100＝21300（m）。
   公路段加权平均长度为：［（9200/2×9200）＋（12100/2×12100）］/21300＝5423.7（m）。
   再加上300m就是平均运距，平均运距为：5423.7＋300＝5723.7（m）。
2. A区是机械设备停置场，B区是材料存放场。
3. 摊铺混凝土时，用摊铺机的侧向拉杆装置插入。
4. 横缝包括横向施工缝、横向缩缝和横向胀缝三类。
5. （1）路面用水泥混凝土还应该进行水泥混凝土抗折（抗弯拉）强度试验。
   （2）试验步骤如下：
   ①试件成型。
   ②养护。
   ③试件外观检查、修整。
   ④加载试验。
   ⑤整理试验数据，提供试验报告。

💡 案例三

1. 玻纤格栅的主要作用是防止反射裂缝，防止水泥面板的接缝反射到新铺的沥青路面上。
2. 施工顺序错误，应改为先铺设玻纤格栅，再洒热沥青作粘层油。
3. 配合比设计包含目标配合比设计阶段、生产配合比设计阶段、生产配合比验证阶段。
4. SMA混合料重量＝0.04×20×45500×2.36＝85904（t）。
   至少要拌制的盘数＝85904/3＝28635（盘）

5. 8月份工程款 = 4338 × [0.3 + 0.35 × (4280/3800) + 0.15 × (6.13/5.90) + 0.2 × (215/200)] = 4620.22（万元）。

案例四

1. (1) 错误1：水泥剂量按照设计图中提供的参考用量再增加1%。
   改正：水泥剂量应通过配合比设计试验确定。
   (2) 错误2：选用普通硅酸盐散装水泥。
   改正：宜选用普通硅酸盐袋装水泥。
2. 工序A是摆放和摊铺水泥。
3. 养护时间不正确。
   理由：养护期宜不少于7d，养护期宜延长至上层结构开始施工的前2d。
4. (1) 作用是使沥青面层与非沥青材料基层结合良好。
   (2) 可采用乳化沥青、煤沥青或液体沥青进行浇洒。

案例五

1. AC-13C按组成结构分类属于密实-悬浮结构，按矿料级配分类属于密级配沥青混凝土混合料。
2. 措施一中产生病害的主要原因：
   (1) 基层标高控制不严，导致混凝土路面板厚度与强度不足。
   (2) 切缝深度过浅。
   (3) 混凝土路面基础发生不均匀沉陷。
   (4) 交通流量增大。
3. 施工流程：加热→旧料再生→摊铺整形→罩新面工艺。
4. (1) 正确。
   (2) 错误。
   改正：每组不超过10栋，组与组之间的距离不小于8m。
   (3) 错误。
   改正：栋与栋之间的距离不小于4m，房间净高不低于2.6m。
   (4) 正确。

5. 路面工程竣工验收工程质量评分 = 85 × 0.2 + 91 × 0.6 + 92 × 0.2 = 90（分），质量等级为"优良"。

模块三　桥涵工程

案例一

1. A为泥浆泵，B为泥浆槽（池），C为沉淀池。
2. 该回旋钻机为正循环回旋钻。
3. (1) 导管此时的埋深 = 74 - 0.3 - 3 × 4 - 2 × 5 - 47.4 = 4.3（m）。
   (2) 规范规定混凝土应连续灌注，导管的埋置深度宜控制在2~6m，4.3m在规定范围内，因此符合规定。
4. (1) 正确。
   (2) 错误。
   改正：导管使用前应进行水密承压和接头抗拉试验，严禁用压气试压。
   (3) 正确。
   (4) 错误。
   改正：桩顶混凝土浇筑完成后应高出设计标高不小于0.5m，确保桩头浮浆层凿除后桩基面混凝土达到设计要求。

案例二

1. 构件A为伸缩装置（伸缩缝）。
2. (1) 该桥梁属于刚构桥。
   (2) 该类型桥梁的主要受力特点：刚构桥的主要承重结构是梁（或板）与立柱（或竖墙）整体结合在一起的刚架结构，梁与柱的连接处具有很大的刚性，可以承担负弯矩的作用，梁因柱的抗弯刚度而得到卸载作用，跨中正弯矩比一般的梁桥小。在竖直荷载作用下，梁部主要受弯，柱脚处具有水平反力。
3. 在浇筑桥梁上部结构时，施工缝的处理方法：
   (1) 先将混凝土表面的浮浆凿除。
   (2) 混凝土结合面应凿毛处理，并冲洗干净，表面湿润，但不得有积水。

(3) 在浇筑梁板混凝土前应铺同配合比（同强度等级）的水泥砂浆。

4. 满堂支架的最大高度＝99.63－0.07－0.08－0.8－90.18＝8.5（m）。

5. 支架预压成功应采取的措施：

(1) 提高场地基础（地基）承载力，可采用换填及混凝土垫层硬化等处理措施。

(2) 在场地四周设置排水沟等排水设施，确保场地排水畅通，不得积水。

(3) 进行支架基础预压。

(4) 加载材料应有防水（雨）措施，防止被水浸泡后引起加载重量变化（或超重）。

💡 案例三

1. 预制场和搅拌站布置方式的优点：

(1) 可以减少临时用地面积。

(2) 可以降低场内运输费用。

2. 采用双导梁架桥机更适合本桥。

理由：

(1) 梁体较重，双导梁更合适，而龙门架对桥位处地形要求高。

(2) 桥梁较长，龙门架吊装速度慢，影响进度。

(3) 吊装重物后要长距离行走，龙门架安全性差。

3. (1) 采用的墩柱钢筋保护层控制方法不可行。

(2) 理由：墩柱较高，钢筋骨架可能变形，应在钢筋骨架四周从下到上均匀设置垫块。

4. (1) 缺陷：不应只考虑价格因素。

(2) 对合格材料供方评价的依据有供方资信状况、业绩及信誉、生产及供货保证能力、质量保证能力、售后服务保证能力。

💡 案例四

1. (1) 1为可调顶托。

(2) 支架应验算强度、刚度和稳定性。

2. 应采取的安全防护措施：两边支架应加设护桩，夜间应用灯光标明行驶方向，施工中易

受漂流物冲撞的河中支架应设坚固的防护设备、安全警示标志（限高、限速等标志）。

3. (1) 错误1：块与块之间的竖向接缝面平行于结构物的长边。

正确做法：块与块之间的竖向接缝面平行于结构物的短边。

(2) 错误2：在混凝土浇筑完12h内对混凝土表面进行保温保湿养护，养护持续7d。

正确做法：应及时覆盖保温保湿材料进行养护，养护时间不少于14d。

(3) 错误3：混凝土内部温度为70℃，混凝土表面温度为35℃。

正确做法：混凝土内部和表面温差不大于25℃。

4. 对支架进行预压的主要目的：消除地基的不均匀沉降和支架的非弹性变形。

5. (1) 吊车实际使用时间：2＋(10－4)/12＝2.5（年）。

实际发生的折旧费：4×42×2.5×12％＝50.4（万元）。

(2) 其他三项不变费用为检修费、维修费、安装辅助费。

💡 案例五

1. 按顺序作业法组织四道涵洞施工的工期＝(6＋2＋4＋5)＋(7＋2＋3＋4)＋(4＋4＋4＋3)＋(5＋4＋5＋4)＋2×4＝74（d）。

2. K_{A-B}＝max｛(6－0)，(13－2)，(17－4)，(22－8)，(0－12)｝d＝14（d）。

K_{B-C}＝max｛(2－0)，(4－4)，(8－7)，(12－11)，(0－16)｝＝2（d）。

K_{C-D}＝max｛(4－0)，(7－5)，(11－9)，(16－12)，(0－16)｝d＝4（d）。

按流水作业法组织施工的总工期＝(14＋2＋4)＋2＋(5＋4＋3＋4)＝38（d）。

3. 按流水作业法组织施工的横道图见下图。

施工过程	施工进度/d																																								
	1	2	3	4	5	6	7	8	9	10	11	12	13	14	15	16	17	18	19	20	21	22	23	24	25	26	27	28	29	30	31	32	33	34	35	36	37	38	39	40	41	42
A		1#						2#						3#					4#																							
B															1#			3#																								
																2#					4#																					
C																1#			3#																							
																		2#						4#																		
D																		1#			3#																					
																					2#					4#																

4. 工序 A 为防水层施工。

模块四 隧道工程

💡 案例一

1. A 是环向盲管，B 是横向联系水沟（管）。
2. （1）喷射混凝土的抗压强度评定不合格。
   理由：任意一组试块抗压强度不得低于设计强度的 85%。
   （2）针对喷射混凝土出现的局部裂缝、脱落、露筋等缺陷，应予修补，凿除喷层重喷或进行整治。
3. 按计划要求完成隧道沥青混凝土面层施工，每天所需要的摊铺机数量 =（1600×9×0.05）/（80×2×5×0.75）=1.2（台）≈2（台）。
4. （1）项目部还应完成的其他隧道附属设施包括通风设施、安全设施、应急设施等。
   （2）项目部还应完成的交通安全设施包括交通标线、轮廓标、隧道轮廓带等。

💡 案例二

1. （1）按长度进行分类，该左线隧道属于中隧道。
   （2）理由：左线隧道进口桩号为 K15+270，出口桩号为 K16+050，长度为 780m，大于 500m 且小于 1000m，所以属于中隧道。
2. （1）可能遇到的不良地质情况有向斜构造、溶洞。
   （2）可能遇到的煤层危害有突水、突泥、瓦斯、塌方。

3. （1）该隧道宜采用人字坡。
   （2）理由：从隧道进出口的标高分析，考虑隧道排水，不是单向坡或平坡。
4. （1）不正确。
   改正：洞口截水、排水设施应该在融雪期之前完成。
   （2）不正确。
   改正：截水沟迎水面不得高于原地面。
   （3）正确。
5. 超前管棚支护施工流程为：③①⑤④②。

💡 案例三

1. 必测项目还包括周边位移、地表下沉、拱顶下沉、拱脚下沉。
2. （1）不正确。
   （2）理由：根据位移速率判断围岩稳定性，速率小于 0.2mm/d 时，围岩达到基本稳定。而本工程的位移速率为 0.3mm/d，围岩未达到基本稳定，应加强观测，做好加固的准备。
3. （1）错误1：二次衬砌距掌子面的距离Ⅳ级围岩地段不大于 50m，Ⅴ级围岩地段不大于 40m。
   改正：二次衬砌距掌子面的距离Ⅳ级围岩地段不大于 90m，Ⅴ级围岩地段不大于 70m。
   （2）错误2：同时为增加结构整体性，仰拱混凝土与拱墙混凝土同时施工。
   改正：仰拱混凝土衬砌应先于拱墙混凝土衬砌施工，超前距离一般不宜大于拱墙衬砌浇筑循环长度的 2 倍。
4. 监控系统子系统还包括隧道通风控制子系

统、隧道照明控制子系统、电力监控子系统、隧道紧急电话子系统、隧道广播子系统。

5. (1) 该起塌方事故属于较大事故。
   (2) 理由：造成3人（含）以上10人以下死亡，或者10人以上50人以下重伤，或者1000万元以上5000万元以下直接经济损失的事故为较大事故。而该起塌方事故导致3人死亡，所以为较大事故。

案例四

1. 隧道洞身Ⅲ级围岩段可采用全断面法和台阶法；Ⅳ级围岩段可采用台阶法。
2. (1) 正确。
   (2) 不正确。
   改正：明洞衬砌拱圈混凝土混合料坍落度宜控制在120mm以下。
   (3) 正确。
   (4) 不正确。
   改正：明洞混凝土强度达到75%后可以拆除内模。
3. 改正：光面爆破是主爆区先爆，光爆孔后爆，以形成平整的轮廓面的爆破作业。
4. 在爆破施工安全管理方面的不当之处与正确做法：
   (1) 不当之处1：由专职安全员对隧道的安全生产全面负责。
   正确做法：由施工单位主要负责人对隧道的安全生产全面负责。
   (2) 不当之处2：招聘了6名员工，并立即由专职安全员进行培训，考核合格后安排从

事爆破作业。
   正确做法：应由经过专业培训且持有爆破操作合格证的专业人员从事爆破作业。

5. (1) 该隧道宜采用的排水方式为设置排水暗沟、盲沟和引水管，并应视具体情况加深侧沟或中心水沟的沟底，或增设横向盲沟，铺设渗水滤层及仰拱等。
   (2) 理由：岩层含少量地下水。

案例五

1. 施工顺序：
   (1) ⑤→⑥→③→④→⑨→⑩→⑦→⑧，理由：右侧围岩较左侧更差，先开挖。
   (2) ⑫→⑭→⑬，理由：软弱围岩，尽快施工仰拱，封闭成环。
2. 隧道地质超前预报方法主要有地质调查法、物探法、超前地质钻探法和超前导洞法。
3. (1) 该起塌方事故属于重大事故。
   (2) 理由：造成10人以上30人以下死亡，或者50人以上100人以下重伤，或者5000万元以上1亿元以下直接经济损失的事故为重大事故。案例中，该起塌方事故累计死亡人数达10人，所以属于重大事故。
4. 按照《公路水运工程安全生产监督管理办法》，严格安全技术交底制度，施工单位负责项目管理的技术人员，应当如实向施工作业班组、作业人员详细告知作业场所和工作岗位存在的危险因素，并由双方签字确认。在上述场所应设置明显的安全警示标志，在无法封闭施工的工地，还应当悬挂当日施工现场危险告示，以告知路人和社会车辆。

亲爱的读者:

如果您对本书有任何 感受、建议、纠错，都可以告诉我们。

我们会精益求精，为您提供更好的产品和服务。

祝您顺利通过考试！

扫码参与调查

环球网校建造师考试研究院